荣誉殿堂

——北京奥运中国冠军的故事❷

顾　问：张晓明
主　编：宁　丰
副主编：吴京辉　杨玉成
编　委：（按姓氏笔划为序）
王　政　宁　丰　刘旦亮　杨玉成
吴京辉　吴冠兰　吴恒兴　陈　勇
张晓明　张毓华　蒋　杰　曾辉明
臧维仪

中国社会出版社

编织梦想
（代序）

有人说，编织梦想和实现梦想是人生的两大主题。那么梦想到底是什么？是虚无飘渺的海市蜃楼，是毫无根基的空中楼阁，还是徒有其表而根本触摸不到的水中月、镜中花？都不是。我觉得，梦想就是一些想法、愿望、憧憬、理想，它本身是一种很美好、很积极的东西。于是，做梦，编织梦想，设计人生，描绘未来，是一件美事，是一件很有意义的事。人总是先有梦想，然后才有将梦想付诸现实的行动。如果把人的一生比作一条河、一棵树，那么梦想就是源、是根，行动是流、是枝。梦想往往对人的一生发挥着决定性的作用。有一句广告词说得好：梦有多大，心有多大，人生的舞台就会有多大。

我从小就爱做梦。20世纪60年代初，我出生在苏北一个叫做“沈灶”的偏僻乡村。这里虽然贫穷落后，但风景优美。村子附近有许多的小河、小池塘，河岸和池塘边长着一片片的芦苇和青草。夏天里，童年的我经常和小伙伴们到芦苇荡里捉迷藏，下河进塘摸鱼抓虾，有时也拿着自制的鱼竿到水边垂钓一番。芦苇和毛草是青青的，水是绿绿的，河里和池塘中的鱼烹调后吃起来很香，甚至刚从水里摸到的虾，立马就可以扒掉皮吃下去。蹲在河岸或池塘边钓鱼的时候，自己会被四周高高的青翠欲滴的芦苇和草丛包围，仿佛置身于绿色的静谧的世界。再看到一些鱼儿在波光闪烁的水面游来游去，心里那份美啊，就甭提了，似乎鱼儿马上就会一直游到我的心里，游到我的梦里。

芦苇和青草，不仅有观赏和审美的价值，更具有实用价值。到了秋季，村里的人们把芦苇砍下来，经晒干处理，编织成柴帘子；把长长的毛草割下来，搓结成草绳，然后，用草绳编织成绳包。这些精美的柴帘子和草绳包，除极少数由自家使用外，绝大多数是卖给公家，销售给县里的日杂公司，赚点钱。县日杂公司再将此卖给各公社和大队。柴帘子用于晾晒各色粮食，绳包用来装储和运输棉花。

记得1971年，我家盖了三间大瓦房，外加一个院子，这在当时的家乡是不多见的。父母平时积蓄有限，盖房子花费又大，我家就欠了一千多元的外债。这些钱，现在看来不算什么，但那时的人们普遍工资低、收入少，所以它就是一笔很大的数额。如何还钱？计将安出？父母为此挖空心思，不知怎么办才好。这笔外债，就像一块大石头一直压在父母的心上。

穷人的孩子早当家。1973年，为了给家里做点贡献，搬去压在父母心头的石头，我向父母提出建议：向左邻右舍学习，搞家庭副业，通过编织绳包和柴帘子赚钱，来还清外债。父母听了我这个主意后，眼睛顿时一亮，但沉思片刻后马上又神情黯淡下来，说："不太可行，你还小，而且爸爸在县医院上班，妈妈也在公社卫生院当勤杂工，没有时间和精力从事这种家庭副业。"眼看我的主意将要落空，我就坚持说："我今年已超过十岁了，不算小，还有两个弟弟可以帮我。你们平时工作忙，就算了，如果星期天有空，就帮帮我。请爸爸重点负责销路，打通日杂公司这个关节。"父母见我执意要干，就说："试试看吧！"

自此，我就开始编织我人生的第一个梦想。

当时刚上初中的我，与两个刚上小学的弟弟，每天放学后，便一人拿一个小板凳，来到自家小院里放好，然后，从屋里拿出父母买来的编织绳包的工具，如包架子、篾扦、竹梭之类，以及原材料草绳等，开始编织草绳包。就这样，三张稚嫩的、不时流出汗水的脸庞相视而笑，三双笨拙的小手由不熟练而日趋娴熟。一梭又一梭，我们聚精会神地编织绳包，编织梦想，编织未来。摆放在身旁的一捆捆草绳，就像我们从池塘里刚钓出来的鲫鱼的鳞一样，泛出醉人的光芒，把我们的梦也染成了迷人的金黄色。由草绳而结成的一个个小绳包，盛着我们的梦，装着我们对未来的希望。

最让我难忘的，是满院子响起的"嚓嚓"的穿梭声音。它是那么的动人，悦耳，像贝多芬的交响乐，又像"大珠小珠落玉盘"——这是天使叩开梦想之门的声音。

由于上学，平时我和弟弟们一天也就是织三四个绳包，比较慢，而到了星期天，进度就加快了。记得有一个星期天，我和我二弟展开劳动竞赛，从天刚蒙蒙亮，一直干到夕阳西下，当天每人各织了二十八个绳包。这个成绩是一个新的记录，惊动了四邻。他们为我们哥俩娴熟的技术、不辞劳苦的执著精神所震撼，同时也对其中包含的不薄利润产生羡慕之情。是啊，如果以每个绳包净利润二毛钱计算，我们兄弟俩人共在当天赚了十一块两毛钱。这在当时可是一笔不小的收入。

由于我们的绳包织得越来越多，从附近购入的原材料——草绳就显得有点供不应求。为此，我决定深入邻乡，挨家挨户地收购草绳。记得有一天晚上，已过了吃晚饭的时刻，我一人拖着疲惫的身躯，推着车把前插着秤杆、车后座满载收购而来的草绳的自行车，沿着雨后泥泞而崎岖的乡间小道，急匆匆地往家赶。当走到村头的池塘边时，我借着朦胧的月光，依稀看到正在焦急等待我的母亲。当确认是我后，母亲马上过来接过我手中的自行车，然后久久凝望着我，抚摸着我的脸庞，潸然泪下。

功夫不负苦心人。我们以编织绳包为主，以编压柴帘子为辅，经过两年的不懈努力，不仅还清了所有的外债，还略有盈余。我的梦想成真了，辛苦没有白费。是啊，现在回想起来，当时确实很辛苦，白天上学，晚上做完作业就是编织绳包和编压柴帘。但是，我始终没有觉得苦，反而是整天乐呵呵的，总感到浑身上下有一股使不完的劲，总感到一切充满生机，心里特别自信、踏实和幸福。原因何在？大概是心中怀揣着一个对未来的冀望和梦想。梦想，激励着我，支撑着我。

用简单的草绳、芦苇，我编织成了人生的第一个梦想。我尝到了做梦的甜头。从此以后，我一发不可收拾，做了许许多多、大大小小的梦。这些梦，引领我的人生之路，一直走到今天。

我会做梦，但相比我们伟大祖国和本书中的北京奥运金牌选手，这些梦都是“小儿科”，不值一提。

伟大的中华民族，我为您骄傲。百年奥运梦，神七飞天梦，这些惊天大梦，都已通过国人的共同努力而实现了。今后，中国人将继续在中华大地和那广阔无垠的宇宙，织编一个又一个神奇的梦想。

本书所记述的我国2008年北京夏季奥运会金牌选手，都是做梦的高手、实现梦想的强者，是我们大家学习的榜样。其中，无论是男人还是女人，无论是中国人还是外国人，无论是宿将明星还是新人新秀，无论是天赋高的还是天赋低的，都毫无例外地做过奥运金牌梦。正是这些，为各自国家和各自人生增光添彩的七彩梦，带给了他们无限的力量、无穷的智慧和勇气，激发了他们的巨大潜力，促使他们跑得更快、跳得更高、举得更重、射得更准、打得更狠、游得更快。为了圆梦，为了好梦成真，他们历尽艰辛，饱尝折磨，耐住了寂寞，忍住了清贫，拒绝了诱惑，不怕默默无闻，不畏长久等待，不惧伤痛困扰，一心去追梦，去超越梦。一次次纪录的刷新，就是一次次梦想的实现。如果说奥运金牌本身是一个运动员价值的体现，是昂贵的，那么，奥运金牌梦以及为实现这个梦想所铸就的精神，就更昂贵，或者说，是永远无价的。

积极的梦想，只有大小之分，而并无贵贱之别，它的社会价值、经济价值和文化价值，都是无法准确计算的。愿普天下的所有想获得成功的人，都敢于编织各种各样的、源于现实而高于现实的梦想，更要甘于为实现这些梦想而付出！当然，如果最终并未如愿以偿，也不要气馁，不要沮丧，还要以一个平常心坦然面对。只要你曾经梦想过，付出过，这就足够了，就可以问心无愧，笑对人生！

是为序。

宁　丰

2008 年国庆于北京

目　录

张怡宁/王楠/郭跃
——乒乓球女子团体冠军

2008年8月17日晚，北京奥运会的乒乓球比赛继续在北京大学体育馆进行。在女子团体决赛的争夺中，中国女队3∶0击败劲敌新加坡女队，获得了冠军，为中国代表团夺得第33枚金牌。

首盘比赛，王楠在先失一局的情况下连扳三局，以3∶1战胜冯天薇。第二盘，张怡宁同样先失一局，此后连胜三局，以3∶1击败李佳薇。第三盘，郭跃/张怡宁3∶0战胜王越古/李佳薇。

一、决赛首盘　王楠开门红3∶1胜冯天薇

中国女队在之前的比赛中表现得非常轻松，小组赛以三个3∶0轻松拿下克罗地亚、多米尼加和奥地利之后，她们又在半决赛中3∶0击败中国香港，以不失一局的成绩进入决赛。新加坡女队在小组赛阶段同样送出三个3∶0，分别战胜了美国、尼日利亚和荷兰；在半决赛中她们苦战五盘以3∶2险胜韩国。虽然实力上中国占优，但是新加坡是唯一一支可以向中国发起挑战的球队，因此不可小视。

双方的第一盘比赛由王楠迎战冯天薇。第一局，两人在开局阶段争夺得非常激烈。冯天薇在3∶4落后的情况下连得4分，以7∶4反超，取得领先。此后王楠一度追至

8：9，但最终冯天薇仍以 11：9 拿下首局。第二局比赛，王楠迅速调整了自己的状态，取得了 6：0 的完美开局。此后冯天薇没有能够力挽狂澜，王楠轻松地以 11：3 扳回一局，场上比分变成 1：1 平。

第三局，王楠在开始阶段以 3：1 领先。冯天薇打得比较保守，因此王楠占据着主动，并且迅速将分差拉开到了 7：2。尽管冯天薇之后追到 6：8，但是王楠的发挥依旧非常稳定，最终，以 11：8 再胜一局，以 2：1 反超领先。

第四局比赛，王楠在 3 平之后果断发力连续得到三分，以 6：3 取得领先。此后双方比分交替上升，冯天薇没有扳平的机会。最终，王楠以 11：6 获得第四局胜利，3：1 战胜冯天薇。

二、决赛次盘　张怡宁 3：1 逆转胜李佳薇

第二盘比赛是由张怡宁对阵老对手李佳薇。双方的第一局比赛，李佳薇首先得到一分，此后她占据了比赛的主动，以 5：1 领先。此后张怡宁对于李佳薇的搏杀战术没有什么办法，比分很快来到 10：5。李佳薇在握有 5 个局点情况下被张怡宁连追三分，被迫请求暂停。暂停后，张怡宁在 9：10 落后时发球失误，李佳薇 11：9 赢得首局。第二局。张怡宁显得非常投入，她加强了相持球的攻击性，并且获得了很好的效果，以 6：2 取得领先，并以 11：3 拿下，将比分扳成 1：1 平。

第三局，张怡宁在 3 平之后连续得到两分，取得领先优势。此后李佳薇的失误明显增多，张怡宁很快就以 11：4 再胜一局，2：1 领先。第四局比赛，李佳薇开局 3：1 领

先，随后张怡宁扳成3平。此后张怡宁完全占据了比赛的主动，顺利拉开分差，并最终以11：7拿下第四局，3：1击败李佳薇。

三、第三盘郭跃/张怡宁3：0战胜王越古/李佳薇

最大的考验来自于决赛第三盘。面对新加坡的王越古/李佳薇组合，中国双打组郭跃/张怡宁组合首局11：8赢得比较吃力，随后11：5、11：6赢得异常轻松。耗时23分钟，中国队依然取胜，完成了夺冠伟业。中国队最终以摧枯拉朽之势击败对手，获得奥运会历史上首枚乒乓团体比赛的金牌。

获胜后，几名队员与女队主帅施之皓教练拥抱在一起，整个北大体育馆也沸腾了。有人大喊："张怡宁，我爱你！"也有人在叫："王楠，最棒！"

颁奖仪式后，顽皮的郭跃用牙咬着她的"金镶玉"——刚刚20岁的她是队中最年轻的选手，这也是她的第一枚奥运金牌。作为北京人的张怡宁，绝对的土场夺冠，意义当然更不一般。她第一个将手中的花束抛向观众席，表示对现场观众的感谢。年龄最大的王楠，则用左手食指向天一指，既向观众致意，也是宣告：中国女子乒乓球队是真正的No.1！

赛后，带领女队两年多的主帅施之皓眼中闪着激动的泪光，他说："这是奥运历史上第一个团体冠军，我们拿到了！我们创造了历史！"虽然中国女子乒乓球队有绝对的实力，但施之皓在赛前还是要求大家去拼这块金牌。夺冠后，他称赞队员们发挥出色，打出了自己的水平。

张怡宁

——乒乓球女子团体冠军、单打冠军

身　　高：1.68m

体　　重：54kg

性　　别：女

出生日期：1981 年 10 月 5 日

籍　　贯：北京

“冷面小丫”家门口卫冕　　开朗一笑接任国球一姐

如果要问 2008 年北京奥运会上最受国人关注的项目，国球至少能进前三名；如果要问国人最熟悉和喜爱的体育明星，女队的张怡宁绝对是排在前几名的。2008 年 8 月底，笔者随同金牌选手团访港时，亲眼目睹了张怡宁受欢迎和被追捧的程度，常常是她一坐下来就围过来一群索要签名和要求合影的人，随时签名都要签到手软，照相照到表情僵硬，令人深深感叹体育明星们的辛苦。

张怡宁，中国女乒的绝对主力。5 岁开始打球，10 岁进入北京队，14 岁入选国家队。右手横握球拍，两面反胶，弧圈结合快攻打法。她球风硬朗，打法凶狠，在赛场上经常紧绷着秀气的小脸，不论输赢，难得一笑，因此得了个“冷面小丫”的爱称。

一、两代一姐争金牌，“太极高手”喜卫冕

8月22日晚的北京大学体育馆，灯火通明，座无虚席，20点30分正式开始的奥运会乒乓球女子单打决赛正在进行中。

由于唯一进入前四强的外国选手新加坡的李佳薇被张怡宁在半决赛中击败，所以决赛对于全国观众来说是一场比较轻松、更具有观赏性的比赛。反正无论谁胜谁负，乒乓球女子单打的这块金、银牌都已落入中国队囊中了。

自1988年乒乓球被列为奥运会正式比赛项目以来，中国选手一直没有让女单金牌旁落，此次同样延续了这一荣誉。事实上，在决赛进行之前的女单铜牌争夺战中，中国队的郭跃已击败新加坡队的李佳薇获得铜牌。在22日晚的颁奖仪式上，三面五星红旗同时升起，将成为奥运赛场上罕见的壮观景象。

决赛是由中国女子乒乓球队的两代“一姐”王楠和张怡宁“同室操戈”，教练们都悠闲地坐在观众席作壁上观。最终张怡宁4∶1取胜，为中国代表团夺得本届奥运会第47枚金牌。

已明确表示北京奥运会后将退役的王楠，在决赛中明显更加放松搏杀，这让她在比赛的前半段变得十分“可怕”。

开场后王楠打得积极主动，连取4分，攻势凌厉压制住张怡宁的正手位，极为顺利。张怡宁尚未进入状态失误稍多，有些跟不上王楠的节奏。王楠则打出速度特点，控制着场上局势，保持领先。尽管张怡宁在局末阶段一度将

比分追至 8：9，但王楠还是顶住压力，连取 2 分以 11：8 先胜了首局。

第二局王楠延续强势，上来又连拿 4 分，显示出极佳的状态。张怡宁显然还没有打出自己的特点，主动进攻不力，过多地纠缠在相持对打。随着比赛的深入她逐渐找到了感觉，在落后的情况下控制住王楠的反手位远台，将比分反超至 9：8。王楠追成 9 平后攻球出界，张怡宁获得局点。王楠拿回一分两人战至 10 平，此后双方又打到 11 平。关键时刻张怡宁连拿 2 分，在极为不利的情况下以 13：11 艰难扳回一局。

第三局，慢热的张怡宁逐渐进入状态，两人的争夺更加激烈。3 平后张怡宁接发球连续失误，王楠趁机拉开比分以 6：3 领先。此后王楠发力过猛，连续搏杀出界，张怡宁连取 5 分实现反超，就此确立主导地位，以 11：8 再下一城。

第四局张怡宁又是开局不利，连丢 3 分，王楠继续正手位侧身抢攻，但随之而来的却是过多的非受迫性失误。张怡宁很快摆脱开始阶段的劣势，在相持对打中逐渐占据上风，台内争夺也是优势明显，两人的分差很快拉开，张怡宁取得 9：5 的领先优势。尽管王楠追分势头猛烈，但张怡宁还是率先以 10：6 拿到局点。随后，王楠连扳两分。这时张怡宁果断地给自己叫了一个暂停，冷静地思考了一下，之后便顺利地以 11：8 的相同比分再胜该局。拿下这局后，对方的坚强堡垒终于松懈了。

第五局张怡宁乘胜追击，根本没有给王楠任何喘息的机会。王楠体能下降，反攻乏力，张怡宁优势明显。在张怡宁以4∶1的较大优势领先的情况下，有经验的王楠也主动叫了暂停，希望能缓解一下紧张的局势，但效果并不明显。张怡宁随后加大了主动搏杀的力度，一路狂飙以11∶3结束比赛，以4∶1的总比分力克王楠，继雅典奥运会之后，再次夺得乒乓球女子单打的冠军，王楠屈居亚军。

4∶1赢下王楠后，张怡宁只是程序性地握了握拳，和师姐一样四面鞠躬向观众致意，然后默默地坐回到场边，埋头收拾她的包。向观众席上的爸爸妈妈走去时，她也只是浅浅地笑着，仿佛刚刚结束的是一场普通的队内比赛。接受妈妈雨点般的亲吻，“冷面小丫”才露出孩子般的笑容，她的眼圈红了，激动的泪水盈满眼眶。下一个拥抱来自同是教练李隼门下的国家队队友李晓霞，对方反倒比她更激动，满脸绯红地狂飙着眼泪。

这个26岁北京小丫的泪，就这样被一浪一浪的感动勾了出来。笑着，哭着，以至于站在最高的领奖台上，看三面五星红旗同时升起的时候，她唱国歌的口型都有点跟不上拍子。

张怡宁成功卫冕后，如同乒坛前辈邓亚萍一样，包揽了两届奥运会自己参加的所有项目金牌。她也以4枚奥运会金牌，追平了邓亚萍、伏明霞、王楠、郭晶晶和李小鹏，成为获得奥运会冠军最多的六位中国选手之一。同时，这块金牌也标志着她已经取代王楠成为中国女子乒乓球的领军人物。

张怡宁在赛后再度诠释了她以前曾提过的赢球理论：“在这种非常引人关注的大赛上，心态最重要。我在这场比赛中就尽力使自己心态平静，在这种前提下，技战术水平发挥七成就能确保取胜。”

事实上，除了心态，本场比赛张怡宁延续了她近期先被动后主动、先输后赢的作风。这种“绵里藏针”的打法，让王楠的强攻化为泡影。而张怡宁稳中有凶，在被动中后发制人，显出了一个优秀运动员的成熟，不愧于“太极高手”的美称。

二、成长道路多曲折，历经磨砺渐成熟

“要想获胜，你必须付出200%的努力。”张怡宁走下领奖台后的这句话，就像给她过去的26年下的一个断语。

13年前，李隼第一次在北京队见到张怡宁，觉得这孩子手感不错，除了行动上有些散漫。于是某次集训他便悄悄告诉她，你去打那个队员，输了以后就别出来了。什么也没说的张怡宁付出了比平时多数倍的努力，终于赢了那个实力强于她的对手，也赢得了李隼的认可。

15岁时，她在八运会上一鸣惊人，第一场比赛便赢了杨影，接着又把李菊、乔红、齐宝华斩于拍下。9年前，她是荷兰世乒赛上的小小黑马，女单亚军的头衔让她终于走出事业上的瓶颈期，然而悉尼奥运会却仍然与她无缘。

4年前的雅典金牌，对于不满22岁的张怡宁来说，是重大比赛中的第一次登顶，是实现“大满贯”目标的最重要一步，也是真正走出“王楠时代”影响的标志。而对于世界女子乒坛，那是一个新时代的开始。

从2001年九运会到2003年世乒赛，早已是世界排名第一的张怡宁却一再与女单冠军擦肩而过。两次，她都在决赛中碰到王楠，两次她都领先在先，又都在最后关头被

王楠翻盘。于是这个一向豁达的小姑娘略存着点私心地说："如果这次在奥运会上再出现这样的情况，我不会再错过夺金的机会，因为现在的我不是以前的我了。"

那一次，人们第一次看见张怡宁笑得像夏日的花朵一样灿烂。她不再否认自己是国乒女队新的领军人物："当领军人物非常不易，也不是一朝一夕的事。我会非常严格地要求自己，挑起这个重任，真正做好这个角色。"但正像她四个月后对这句话作出的更正一样，中国女乒的交接班不是哪一场比赛可以完成的。

2005 年她连赢世乒赛、世界杯冠军，实现大满贯。2006 年 5 月，她带领中国乒乓球女队在不来梅世乒赛上再捧考比伦杯；然而就是那年冬天，多哈亚运会的名单上没了她的名字，关于状态、关于"雪藏"，一时间外界的猜测甚嚣尘上。转过年，她在萨格勒布世乒赛上半决赛负于郭跃，人们开始惊呼"年轻一代抢班夺权"。然而，2008 年初的广州团体世乒赛上，她又让大家看到了一个归来的王者。

22 日晚的女单决赛，比分定格。早早宣布要在奥运会后退役的王楠带着一枚银牌、挂着满脸的泪水、怀抱着对家人的歉疚和对未来新生活的憧憬，走下舞台。而张怡宁，她开朗的笑脸映在现场大大小小的四十余块屏幕上，她热情的飞吻印在摄像机的镜头上……领奖台前，她与师姐错肩而过。

三、新老"一姐"的交锋与合作

回头看看张怡宁的成长历史，也是一部她与王楠的交锋史。对于张怡宁而言，王楠就是促使她走向辉煌的催化剂。近几年她们之间的每一次交锋，都是女子乒坛的巅峰之战。

不知是不是巧合，1996 年到 2000 年，王楠与张怡宁同居一室，又在同一个教练手下，王楠的一举一动潜移默化地影响着身边这个北京女孩。

2000 年状态的低迷导致张怡宁最终落选奥运阵容，而就在悉尼，王楠包揽单、双打金牌。

2001 年九运会，经历痛苦蛰伏的张怡宁剑指女单冠军，“那时候我觉得有机会赢她，后来想想，那个时候要能赢她就真成神仙了。”虽然最终闯入九运会决赛，但面对王楠，张怡宁的心态已然失衡。战至第五局，张怡宁 5：21 大比分落后。“她发球，我连球都不接，直接挥了一下动作就下去了。我当时的状态，下来跟正常人一模一样，上去比赛就是个疯子！有时特爱犯这个毛病，失控的时候更是这样。之前团体赛开始，周指导（周树森）做场外时候，我已经开始不耐烦了，又摔拍子，又踢挡板，又摔浴巾什么的。”张怡宁回忆说。事后，输球输人的张怡宁不仅写了检查，还被停赛三个月。

2002 年，逐渐成熟的张怡宁已是与王楠相提并论的新星，但却很难在王楠身上占得便宜，在国际大赛更是难有胜绩。直到釜山亚运会，二人在单打决赛再度相遇，双方战至 3 平后，“第 7 局又打到 9 分，最后一个球我挑了她一个侧身位，然后她拉出界了。我愣了一下，这么快就赢了？没想到！自己的表情刚刚特别投入比赛，突然一下子打完了，转变不过来。别人我不知道有没有这种情况，就是说太突然，脸上的表情还来不及扭转到生活中的那种。”张怡宁回忆着当时的景象。

当媒体正在热炒张怡宁取代王楠成为中国女乒新一姐时，2003年的巴黎世乒赛，王楠再一次给师妹好好上了一课。痛苦的一幕令张怡宁至今难忘，“等到进馆的时候和王楠打决赛，上来我就0∶3落后，一点儿都打不通，拿什么战术打我也感觉跟人家对不上点儿。而且人家打得特主动，一直在前边别着我、压着我打！我不管从上面打、从下面打、从短球打、从长球打，都打不通！我捡球的时候感觉自己两条腿怎么这么沉，根本跳不起来！那一次输，是必然的！”

第二天，女双半决赛，昨天还在厮杀对决的二人并肩战斗。“我告诉自己，输，已经成了结果，有眼泪也要生生往肚子里咽下去。没打比赛之前我该吃饭吃饭，该准备准备，该跟王楠沟通就跟王楠沟通。人要长大就必须得学着解决困难，有一点儿半点儿逃避心理都不行！那天的双打特别精彩，李指做场外，当时就觉得我长大了！”连续两日，一赢一输，让张怡宁迅速成长起来。

张怡宁每一次转变，仿佛都能看到王楠的身影。2004年雅典奥运会，那时的张怡宁已经完成从冲击到超越的全过程，而在他的主管教练李隼眼中，她真正的成熟了。双打夺冠，虽然从开始配合就一直磕磕绊绊，但最终还是拿了冠军。夺冠后李隼转身就走出了赛场，眼泪已经控制不住了，在吸烟区接连吸了4根烟。单打夺冠后，他从心里替张怡宁高兴。

2008年奥运会前，新老一姐的每一次对决，仍然是媒体热炒的焦点，总有一些记者想从她们嘴中掏出点恩怨情节。王楠的回答很简单："张怡宁挺单纯的，是个好人!"问起张怡宁，她总是略微沉思后说道："楠姐对我的帮助特别大。"

四、与"发小儿"李佳薇的不解之缘

北京籍的李佳薇身高1米73，瘦削灵动，球风凶狠，是个难得的乒乓球好手。她14岁被新加坡体育官员看中，只身到星洲受训，目前已经加入新加坡国籍，是新加坡国外体育人才计划的受益者之一。

悉尼奥运会前，1999年世界俱乐部比赛中，新加坡选手李佳薇就因出色发挥而备受关注。2000年在悉尼，面对夺冠热门王楠，李佳薇几乎上演了以弱胜强的经典，最后因经验不足才"放虎归山"。4年后的雅典，女单1/4决赛中，两人再次碰面，王楠终于以1∶4不敌李佳薇被淘汰，卫冕梦碎。北京奥运会团体决赛，挑战中国队的新加坡女队也是由李佳薇领衔。不知从什么时候起，李佳薇已经有了点中国队头号强敌的意思。

其实，张怡宁和李佳薇这位多年征战乒坛的好手颇有渊源。她们都是北京出生，同出自东单体校赵建国教练门下，打法都有横拍快攻的特色，是从小一起练球的发小儿，李佳薇入门晚一点，应该算是张怡宁的师妹。

就是这位小师妹，让6岁的张怡宁第一次品尝到了"苦涩"的味道：第一次参加北京市的比赛，张怡宁的决赛对手就是李佳薇。那一次，张怡宁是失败。"输给她之后，宁宁很不服气啊，因为平常训练里，李佳薇很少能赢她。"想起那时张怡宁嘟着小嘴的模样，赵建国教练忍不住笑了起来。

“她就是这种性格，从来都不服输。那次输了以后，每个周六还跑过来，向我要训练室的钥匙，让她舅舅当陪练，加练。”赵建国说，很少看见六七岁的小孩儿有主动愿意来体校训练的，更没有主动要加练的，张怡宁因此显得不一样。

不过在之后的比赛中，张怡宁再没有给李佳薇任何机会。不论队里的训练赛，还是市里的比赛，只要张怡宁参加，冠军都是她的。“宁宁和李佳薇，那时就展示了强于其他孩子的优势，不管是力量还是技术。不过李佳薇的稳定性不如宁宁。”直到李佳薇10岁离开东城体校，她一直是张怡宁的手下败将。

近年，分别挑起了中国和新加坡女队大梁的两人在世界大赛上多次交手，张怡宁无一败绩。2004年韩国公开赛，张怡宁与李佳薇首次在大赛中相遇。那场比赛双方苦战六局，张怡宁4∶2取胜。4个月后的日本公开赛，张怡宁直落四局，4∶0轻取李佳薇。这两场胜利极大地鼓舞了张怡宁的士气，也打击了李佳薇的信心。在随后的争夺战中，李佳薇开始对张怡宁产生恐惧，这种潜意识让她更加不能自如发挥。2005年国际乒联年终总决赛，张怡宁仍然仅用四局就轻松击败李佳薇；2006年总决赛，张怡宁4∶1取胜，2007年的三次交手中张怡宁取得两个4∶0和一个4∶1的佳绩。2008年中国公开赛半决赛，张怡宁又零封李佳薇，率先挺进决赛。据不完全统计，张怡宁与李佳薇最近一段时间有7次交手记录，张怡宁仍然保持全胜。

从打法上看，虽然同为横拍快攻，但两人特点不同。李佳薇的发球多使用反手位一个带“拱”的迷惑性动作的侧上、侧下旋发球，正手位可以用正胶发半下蹲发球；接发球多用正胶突击或者直接劈长和对方打相持；相持中她的反手速度快、力量大、角度开，多使用压反手变正手的战术。张怡宁横板两面反胶，施之皓上任之后，在张怡宁原有的稳健球风上加入了凶狠元素。因此张李 PK，双方很难形成巅峰战。因为凶与柔相克，所以李佳薇经常遭遇挫败。

五、赛前主练抗干扰

在施之皓教练的指导下，张怡宁“绵里藏针”的打法日渐成熟，所向披靡，技术已是世界顶尖水平。如果说她夺冠还有什么障碍的话，那恐怕只有心理因素了。

李隼教练透露，抗干扰是张怡宁备战奥运会最后一周的主要训练内容。而为了让女乒健儿顺利完成心理调节，教练组特意要求队员以书面形式提出面临的各种困难，教练组也结合队员反映的情况向她们反馈一份心理命题答卷。

相比于过去每天 5 个多小时的高强度训练，赛前张怡宁每天的训练时间缩减到 3 个多小时，在身体条件、技术水平成型的情况下，张怡宁最后一个星期备战的重点就是克服心理障碍。

为了专心备战，赛前的张怡宁基本与外界断了联系。她不但不上网，大部分时间手机也是关着的。学外语、看电视剧成为她训练之余仅有的放松内容。教练还有意识地给张怡宁制造麻烦。例如在张怡宁训练赛领先的时候，他往往突然叫停比赛，随后让她更换训练球拍继续比赛。对此李隼解释：“我就是刻意给她制造干扰。比赛中球迷的助威声、甚至球场停电都是不可抗拒的外因，所以这种训练就是锻炼她抗干扰的能力。”此外，比赛拖延也可能成为破坏张怡宁正常发挥的“毒素”，张怡宁在大赛仅有的几次输球大多都与比赛拖场有关系。比如下午2点的比赛，拖到4点半开球，张怡宁会犯困，也有可能焦躁，所以这方面的准备非常重要。

六、14年师徒情谊

从1994年到2008年，张怡宁和她的教练李隼走过14年。张怡宁用4个简单的字评价了她和李隼之间的师徒情谊：没他没我。

张怡宁最痛苦的时候是2003年，巴黎世乒赛决赛被王楠翻盘。以前非常自信的她，在聊天中突然冒出一句：“李指，你看我还行吗?”这是一个非常不好的信号。为了帮助张怡宁解决这个问题，李隼在那一年学会了发短信。“有些话直接说不好说，也不容易被接受，所以我就想到了短信这个办法。2003年访欧比赛，为了她，我学会了发短信。我们交流得很好，那些信息一直都留着。在她的训练日记中，我也认真地写上了很多鼓励她的话。她说什么我都忍着、听着。”

2004年上半年，雅典奥运会就要来了，但张怡宁依然很不顺，和王楠的双打也不顺，配合一直不好。“那时候觉得她真的挺可怜的。我就鼓励她：‘张怡宁，不管怎么样，你一定要坚持到最后一个球！绝对不要放弃，老天爷对每个人都是公平的！我相信你！’”为了帮助张怡宁，李隼什么办法都想到了，除了正面说教、鼓励打气还有“忽悠”。“为了让她加强一些技术练习，就告诉她这个技术就是针对某某的，练了就能赢她。这种心理暗示给了她信心，非常有效。”

七、儿时趣事

张家生了个“假小子”

张怡宁的父母都是从黑龙江生产兵团回京后当上工人的。那时，生活很艰难，他们结婚时的新房，是一间厨房改成的。1982年张怡宁出生。让母亲有些意外的是，好不容易生个女儿，却简直是个假小子。女孩子不喜欢娃娃，偏偏舞起家中的宝剑。那时，电视上正在播出日本的电视连续剧《排球女将》，妈妈就给找了个气球挂在门上，她跳跳蹦蹦打得很欢，学小鹿纯子的“晴空霹雳”。气球打破了，妈妈又找出自己过去打过的乒乓球和球拍，吊在墙上让她练习击球。她也很高兴，挥着球拍打得很像回事。

5岁以前，妈妈带她去学跳舞、学游泳、学武术，她每样都坚持不下来。她在舅舅的影响下爱上了乒乓球，5岁在东单体校开始练球时，张怡宁还没球台高。妈妈说，好吧，至少能锻炼身体。没想到这一练便练到了国球的顶峰。

“坏了，我抽到一个男孩，他叫轮空”

初入体校的张怡宁聪明伶俐，颇得教练喜爱。体校练球的小孩子很多，球台就显得相当紧张，练球的小孩要排上长长的队伍，轮到自己，就将手上的球都打完。“一般一个小孩身上就带三四个球，轮到宁宁，竟然能打出9个球。她手上、兜里、连脚边都放着3个球。”回忆到此，启蒙教练赵建国哈哈大笑。聪明的张怡宁也有出丑的时候。一次参加北京市比赛，刚刚抽签结束，她就跟妈妈说：“坏了，我抽到一个男孩。”妈妈被女儿的话搞得一头雾水，“真的，他叫轮空。”听罢女儿的话，妈妈哈哈大笑。

第一次拿冠军是因为把对手哭懵了

9 岁那年，张怡宁第一次代表东城体校参加少年比赛。比赛前两局打成1∶1。第三局，渐渐被人家追上来，打成了 13∶15，领先的局面变得落后了。

张怡宁有点儿慌，休息的时候，教练正跟她布置战术，她不知道怎么的，一下子就哭了起来。张怡宁这一哭，倒是把对手给吓懵了，一直盯着她没回过神儿。结果比赛重新开始后，对手前面的气势被一扫而光，决胜局反而输了。“宁宁第一个冠军是哭回来的。”赵建国风趣地说。

八、爱美爱狗爱旅游

张怡宁球打得漂亮，人长得也漂亮，身材苗条，赛场上却是一身运动装束，总是以简单的形象示人。球迷们都说张怡宁的形象恪守“三不原则”：一不穿裙子，二不留长发，三不化妆。其实，女孩爱美，生活中她也喜欢穿好看、时尚的衣服。“一姐”的写真照片也很多，多半是时装秀。

“国际乒联不是一直推广女运动员穿裙子吗，穿了几次，感觉还不错。因为现在经常要参加一些公益活动或录制一些电视节目，所以化妆在所难免。其实只要不是太浓，简单自然的妆我还是能接受的。但私下我是从来不化妆的。”张怡宁笑着说。

然而天性爱美的张怡宁却极少逛街。“逛街对于我来说太奢侈了。”张怡宁抱怨说。在以军纪严明著称的中国乒乓球队，全身心备战奥运的张怡宁几乎没有业余时间。虽然比赛去过很多国家，但每次都是来去匆匆，根本没有时间逛。不过，她已经计划好了，等退役之后再故地重游，好好玩一玩，逛一逛。

“冷面”的张怡宁喜欢狗出了名。面对自己的爱狗时，她总是笑得开心极了。金黄色的“熊熊”是一只“秋田犬”，个头非常大的那种，别人看了直害怕，但张怡宁却喜欢得不得了。因为不常回家，张怡宁只能通过电话与爱犬“联络”，“熊熊，再过十天我就回家啦”，“你要乖乖的，等我回去买肉给你吃”。而在张怡宁的姥姥家，还有一只可爱的京巴叫“球球”，也同样被张怡宁视作宝贝。

张怡宁平时比较内向，不太爱多说话。但说起自己的爱狗，张怡宁的话马上就会多起来，“平时的训练任务很重，压力也很大，没有太多属于自己的时间，不能像其他人一样可以常常跟爱犬在一起。所以我只能打电话给它，再有就是珍惜每次回家和它们在一起的时间，跟它们一起玩，真是开心极了。”张怡宁最喜欢的就是和“熊熊”在家互相追着玩，那也许是这个以冷面著称的奥运冠军笑得最开心的时候。

王 楠

——乒乓球女子团体冠军

身　　高：1.62m

体　　重：60kg

性　　别：女

出生日期：1978年10月23日

籍　　贯：辽宁抚顺

真正的“全满贯”　王楠终极梦圆

作为曾经的乒坛“一姐”，所有队员见了王楠都会恭敬地叫上一声“楠姐”！王楠以温婉大气的性格著称，年近三十，已为人妇的她，经历过所有的荣誉，所有乒乓球大赛冠军她一个不落。

第三次奥运征程，源于王楠“不想留遗憾”的坚持，来自她希望为职业生涯画上完美句号的心愿。2008年8月17日，王楠终极梦圆，她凭借丰富的大赛经验和自信的心态为女子乒乓球团体夺冠打响了头炮。国外媒体评论王楠比赛时“像一块冰一样冷静”。而这种稳定和冷静正是建立在技术和经验基础之上的冠军素质。

2008年8月22日晚，王楠在女子单打决赛中输给了队友兼好友、女队新的领军人物张怡宁，获得了亚军，为自己辉煌的职业生涯画上了一个非常完美的句号，赢得了现场观众热烈的掌声。这应该是29岁的王楠最后一次亮相奥运赛场了，奥运会后，她真的要退役了！输给张怡宁，她没什么遗憾，新老两位“一姐”顺利交接，走下领奖台的“全满贯”要开始自己的新生活了。赛后，张怡宁为王楠写下了这样一段话：“在我心目中，你不管是输是赢，永远是强者。你一直是中国女乒的领军人物，或许以后，我会担起这个重任，但无论如何，你都是我的榜样。”

一、姜还是老的辣

回顾中国队三员大将在本次奥运会团体赛中的表现，老将王楠应该是最令人感到欣慰的一个。她能够从开局阶段的不稳定状态中迅速走出，状态一场比一场好，成为中国队最终夺冠的主力功臣，让人看到了这位老将功力独到的一面。

首轮对克罗地亚队，王楠在与对方二号单打巴库拉的较量中因为进入状态较慢而先丢一局，不过最终她还是顶住压力以3∶1逆转获胜。

此后，王楠完全进入正常轨道。在8月17日女团的决赛中，王楠凭借自己丰富的比赛经验战胜了新加坡队状态最好、最具有威胁的冯天薇，为中国队最终夺冠立下汗马功劳。

首局比赛冯天薇的发挥确实非常出色，她犀利的进攻一度让王楠显得有些不适应。尤其是当王楠的进攻特点打不出来的时候，比赛局势已开始向冯天薇倾斜，新加坡小将以11∶9拿下首局。

但王楠丰富的比赛经验却在关键时候挽救了自己。第二局的开局阶段，她主动放弃了和冯天薇抢攻的机会，而是改打控制球来调节比赛的节奏。冯天薇对此变化果然显得很不适应，王楠变化多端的球路让其难以招架，王楠迅速以 11∶3 扳回一局。随后的比赛完全进入王楠的节奏，尽管冯天薇仍试图通过自己的进攻来重新控制比赛，但是王楠没有再给她留下任何机会，最终这位经验丰富的老将以 3∶1 完成逆转，取得这场比赛的胜利。

通过比赛可以看出，冯天薇的进攻实力虽然比较突出，技术特点也还算鲜明，但是仍存在一点明显不足，那就是比赛中随机应变的能力不够，尤其是面队王楠这样的老将时，一个节奏变化就能打乱她的全部节奏。这或许也是她作为一名小将应该迅速提高的地方。反观王楠，她丰富的比赛经验足以保证她在面对任何突发状况时能够在最短的时间内选择最正确的战术，通过打击对手的弱点来获得比赛的胜利。这或许也是中国队在本次奥运会上坚持带上这位老将的主要原因。

二、24 个世界冠军！

随着中国队 3∶0 战胜新加坡队之后，王楠又将自己的世界冠军头衔增加了一枚。她每向前走一步，都是在创造历史。而她空前的 24 个世界冠军头衔，却凝聚着太多的艰辛和汗水。

自 1988 年乒乓球成为奥运会正式比赛项目以来，团体赛第一次取代了双打比赛，这个冠军的诞生也将掀起新的篇章，双打成为了历史。2004 年雅典奥运会，王楠和张怡宁携手夺得了乒乓球女双最后一个冠军。2008 年奥运会，王楠再次与张怡宁、郭跃夺得了第一个团体冠军。王楠是邓亚萍退役后中国女队的领军人物，她包揽了所有比赛的冠军，即奥运会、世锦赛和世界杯的冠军，成为真正的“全满贯”选手。

王楠的第一个世界冠军就是世乒赛女团冠军。那还是在1997年第44届世乒赛上，当时她的队友是邓亚萍、杨影、李菊和王晨。2000年悉尼奥运会夺得女单金牌之后，王楠成为了邓亚萍之后中国第二位夺得奥运会、世乒赛和世界杯女单冠军的“大满贯”选手。而2003年巴黎世乒赛和马琳合作摘得混双金牌，这意味着王楠囊括了奥运会、世乒赛、世界杯三大赛女子选手可能拿到的全部金牌，使得她首度打破邓亚萍纪录，荣膺乒乓球史上三大赛女子“全满贯”第一人。

从1994年首夺国际乒联巡回赛冠军，1995年进入国家队，到1997年夺得第一个世界冠军，王楠和李菊成为邓亚萍、乔红之后中国女乒又一闪耀的双子星座。1997年、1998年两度蝉联世界杯女单冠军后，王楠在1999年第45届世乒赛上迎来了自己职业生涯的第一个巅峰，独得女单、女双两枚金牌，奠定了自己成为邓亚萍之后中国女队新领军人的地位。当时王楠才19岁，日益完善的技术水平，和正反手弧圈球打法，让世界所有高手汗颜。

三、改名的秘密

王楠的成长过程中有一个小秘密，这个秘密和她的成功有很大关系——她曾经为了获得冠军而改过名字。

王楠小时候的名字叫王囡。其实，这个名字寓意也是很好的。但是，王楠在市体校训练的时候虽然成绩很好，技术也不错，但一参加全国比赛成绩就不行了。王妈妈和启蒙教练商量了一下，觉得王囡的“囡”字不好，一个方框里面一个女，明显冲不出去啊！于是决定把囡改成楠。没想到改了名字之后，王楠的成绩突然一下提高了很多，一年后就拿了一个冠军，然后就进入了辽宁省队。

后来王楠获得了奥运冠军之后，还因为名字的问题和父母“掰扯”了一次。王楠对爸妈说，她还是喜欢原来的那个“囡”，比较特别，而且看着也可爱。她总觉得现在的楠字有点生硬，虽然叫起来都一样，但感觉上还是不一样。父亲让她改回去叫王囡，结果她又不愿意，说：“万一改回去不拿冠军了咋办？再说现在改个名字可麻烦多了。”最后还是没改回去。

四、退役办婚事做妈妈

单打比赛结束后，王楠与丈夫郭斌在现场相拥相吻的温馨镜头给观众留下了深刻的印象。王楠和郭斌的恩爱，在乒乓球界也是出名的。

郭斌曾给王楠发过一条原创的短信：“冬有雪，夏有雨，天有地，我有你。万紫千红是花季，恩爱合一才夫妻。都说老楠爱大米，我愿永生长相聚。可有狂风及暴雨，我心中只有一个你。”在王楠看来，这不仅仅是一段文字，更是两个人忠贞感情的见证。直到现在，王楠还把这条信息保存在手机里，训练和比赛之余经常拿出来看。

早在2005年，王楠和郭斌就已经登记结婚了。但为了备战北京奥运会，他们一直没顾得上操办婚礼。2008年9月27日，王楠和郭斌正式在山东烟台举行浪漫的海上婚礼，李肇星、韩乔生、李宁、马琳、福原爱等人出席。

郭 跃

——乒乓球女子团体冠军

身　　高：1.62m

体　　重：52kg

性　　别：女

出生日期：1988 年 7 月 17 日

籍　　贯：辽宁鞍山

“乒坛神童”在飞跃

在 8 月 17 日结束的团体决赛中，作为中国乒乓球女队奥运军团中最年轻的一员，郭跃和张怡宁、王楠一起为中国队收获了一块团体金牌，完成了职业生涯的一次突破。不过，相比两位大姐，郭跃是赛前教练最不放心的人，一直被教练“盯”着，赛前帮她布置战术，取胜后还要给她“敲警钟”。“一个月前正好是我 20 岁生日，能够在这样的日子里拿到金牌，我感到非常高兴。”女团夺冠后，郭跃兴奋地说。

郭跃 6 岁开始打球，1996 年进入辽宁省体校，1998 年进入辽宁省乒乓球队，2000 年入选国家队。她左手横握球拍，弧圈球结合快攻打法，技术具有男性化特征，前三板快且狠，2002 年国际乒联总决赛女单亚军的战绩使她成为创办总决赛以来闯进决赛年龄最小的选手。她也是中国年轻选手中的领军人物。

一、勇夺奥运铜牌　拼搏精神堪比师傅孔令辉

2008年8月22日晚，奥运会乒乓球比赛进入最后阶段的争夺。在女子单打铜牌争夺战中，小将郭跃并没有因为半决赛的失利而影响心态，苦战六局，顽强拼搏，以4∶2战胜新加坡“一姐”李佳薇，获得一枚宝贵的铜牌。这样，中国女队包揽了北京奥运会女单的金银铜牌，三面五星红旗再次同时升起，创造了中国乒乓球队的又一辉煌。

据统计，郭跃与李佳薇有7次交手，郭跃5胜2负。2008年广州世乒赛，郭跃0∶3败给李佳薇。李佳薇正手正胶突击能力强、球比较下沉，反手相持能力强，防守出色，球速快，相持能力强。从这次比赛来看，李佳薇的正手进攻打得非常好，曾给张怡宁带来了很大麻烦。对局中的郭跃在解决这个难题上下足了工夫，积极主动的打法让对方一度被动。

2003年世乒赛，孔令辉与施拉格争夺铜牌时掀起了一波波热浪，体育总局的领导表扬了孔令辉的集体主义精神。时隔五年，孔令辉带领弟子征战奥运，郭跃玩命般与李佳薇拼杀，打出了气势。这种精神堪比孔令辉，不愧是师徒。

前两局，郭跃以2∶0取胜，但是第二局赢得非常不容易，在12∶12之后凭借对方的一个发球出台才勉强拿下这一局。

拿下两局之后，郭跃的战术不是很明确，李佳薇正手连续击打弧圈球，反而以两个11∶9扳平比分。第五局，

郭跃调整了心态，坚持以我为主的打法，发挥近台进攻优势——这也是郭跃在铜牌争夺战中最大的亮点。她在8：1领先之后一路穷追猛打，以 11：3 拿下一局。第六局，郭跃以 11：4 锁定胜局，最终夺得了一枚宝贵的铜牌。

“我没有什么遗憾呀！这届奥运会我已经拿到了一块金牌和一块铜牌，我觉得这个成绩对于我来说已经很满意了。”赛后的郭跃没有一点不快，“我还这么年轻，以后还有的是时间。”看了弟子这样的表现，孔令辉也很满意：“能拿到铜牌，其实说明郭跃已经完成了任务。从现在看来，两位师姐的稳定性的确都比她要好，铜牌是她水平的正常体现。不过，经过北京奥运会的锻炼，她将成为中国女乒未来的希望！”

二、小时常考双百　为学业差点放弃打球

郭跃出生在辽宁鞍山一个钢铁工人家庭，父亲郭向东虽然个头不高，但是身体特棒。

小郭跃三四岁时就爱蹦爱跳，6 岁那年，郭向东抱着试一试的想法，把孩子领给区体校教练看。不料，老师教的两个动作小孩几分钟就学会，当即被留了下来。接下来的训练中，小郭跃身体素质好、反应速度快、头脑灵活、意志坚强的优点很快显现出来。仅仅一年时间，她在鞍山同龄选手中已是无人能敌，在国内“娃娃杯”比赛中也经常获奖。

球技高的同时，小郭跃的学习也特别好。郭向东说，郭跃小学时哪门功课的成绩都没有下过 90 分，尤其是语文、数学，考试拿双百是常事。孩子在班级担任学习委员，

老师们个个喜欢。作为知识分子的爷爷，更是认准了要让孩子考大学。因此，郭跃练球曾经遇到不少阻力。为了不耽误学习，她平时只有在午休、放学后和晚上做完家庭作业后打球。每天深夜练完球后，郭向东骑着自行车，小郭跃在后面跟跑回家。

1996年，8岁的郭跃在辽宁省少儿比赛中夺得个人冠军，省体校决定调人。由于怕影响孩子的学习，郭跃家里几次都没有同意。最后省体校急了，反复找郭跃的教练白晓冬和石海梅。两名教练寒冬腊月守在露天电话亭下给郭跃家打了一个多小时的电话，总算说服了家人，第二天把孩子送到省里。

回想起当年的历史，郭向东笑容中流露出感慨，他说："要不是教练执著负责，郭跃可能与乒乓球奥运冠军失之交臂。"

郭跃小时候身体素质非常好，非常能吃苦，训练的时候一般的小孩也就打两盆球（1盆200个球），但郭跃打5盆都跟没事人似的。最多的时候，她一天要打7盆。

郭跃小时候百米速度就很快，打起乒乓球来，同龄的男孩子也很少是她的对手。如此好的身体素质，使得郭跃被辽宁省田径队的教练看中。尽管田径队教练软磨硬泡，但郭跃的教练谷振江死活不同意。他认定郭跃的田径底子加上乒乓球感觉，将来一定会有成就。

三、玉不琢不成器，"雪藏"半年始爆发

1998年，10岁的"乒坛神童"郭跃进入辽宁省乒乓球队，辽宁队主教练谷振江发现这个虎头虎脑的小丫头很不

一般。“感觉好、爆发力强、悟性高、球路刁”是他对郭跃的评价。郭跃灵气十足，教练一个眼神、一个动作，她立刻就能反应过来。

2000年，郭跃入选国家队，谷振江当时就对媒体预言：她将成为“王楠第二”!

2005年12月，施之皓出任中国乒乓女队主帅，在队内展开了猛烈的“整风运动”。因为在训练、比赛中不积极，斗志不强，郭跃多次被点名批评。2006年8月，女队召开乒超联赛总结会，会开了三个小时，施之皓光是训郭跃就用去了一个半小时。随后，郭跃又以身体不适为由放弃了一场乒超联赛。施之皓立刻宣布在国家队中对她禁赛半年。“既然你身上有病，那就得养。”施之皓“恶狠狠”地对郭跃说。

不仅如此，在媒体面前，施之皓也没有护短，“说雪藏也好冷冻也好，她确实需要好好反省自己的表现”，“郭跃成名后骄娇二气严重，在2006年乒超联赛中表现很差。国家为了培养她，对她的投入很大。以前我们能够给她的机会都给了，但结果与我们的期望值不符。我们不会总是给她一个人机会。”

这以后连续几站公开赛和女子世界杯，郭跃的名字果然都没有出现在国家队的出征名单中。看着队友收拾行李从公寓出发，郭跃哭了好几次。

在“雪藏期”里，陪伴郭跃训练的是她的主管教练任国强。主力队员出国征战时，慈父般的任国强陪着郭跃在训练馆练球，挨过了那段艰难的日子。

郭跃自己说过，那时，她还没起床，任国强就准备好了早餐。训练时她的衣服穿少了，任国强就把自己的衣服披到她身上。休息日时，郭跃只要给任国强发短信说自己想练球，任指导的回答永远是一个字：“好!”

经历了“雪藏”风波的郭跃真正认识到了自己的问题。2006年年底，解禁复出的郭跃在多哈亚运会上获得了团体、单打和双打的三项桂冠，她找到了重新站起来的勇气以及事业的新起点。

2007年初开始，郭跃的主管教练换成了孔令辉。在郭跃看来，孔令辉这位昔日的乒坛偶像性子直、说话快，走路像阵风，完全不是想像中“偶像派”的样子。也正因为如此，郭跃几乎从未跟孔令辉撒过娇。“他说的话，我只有照办，不敢打半点折扣，不然会立即被他发现。”郭跃说。

经过师徒俩四个月的磨合，郭跃从技战术到临场发挥都有了质的飞跃，她开始了井喷式的暴发。继三站国际乒联公开赛夺冠后，郭跃在2007年5月举行的萨格勒布世乒赛上女单夺冠，从战绩到为人，郭跃实现了蜕变。

出众的天赋、男子化的打法，人见人爱的“乒坛神童”郭跃已成为中国女乒绝对主力。她期待着明天的辉煌。

马琳/王皓/王励勤

——乒乓球男子团体冠军

自国球乒乓球项目列为奥运会正式项目以来，男子乒乓球的全部 12 枚奥运金牌，中国丢掉三枚。尤其是男子单打项目的竞争十分激烈，雅典奥运会中国队就丢掉了这块金牌。四年来刘国梁和他麾下的弟子们卧薪尝胆，不断进取，为的就是能够在北京夺回荣誉。经过中国男队的艰苦努力，他们终于在北京奥运会上一举包揽男子单打和男子团体的金牌，达到历史的巅峰。

男团是首次设立的奥运项目。在北京奥运会上，中国队所向披靡，小组赛连胜希腊、澳大利亚和奥地利，以小组第一身份轻松晋级。半决赛对决两届世乒赛决赛时的老对手韩国，马琳和王皓分别击败吴尚垠和柳承敏，中国队直落三场顺利过关。决赛接受欧洲劲旅德国的挑战，王皓横扫新秀奥恰洛夫，马琳拿下最难啃的骨头波尔，王皓与王励勤合作力擒波尔/苏斯，中国男队获得历史上首枚男团奥运金牌。

在凭借超群的实力轻而易举地夺取男团冠军后，马琳、王皓和王励勤又在男单比赛中包揽金银铜牌，中国男乒取得历史性的胜利，开创前所未有的辉煌。王皓独守上半区，为中国男单守住这条战线。身为头号种子，王皓力挑大梁，连胜陈卫星、日本的韩阳、中国香港的高礼泽和瑞典老将佩尔森，为中国队扫清所有夺金障碍。下半区马琳和王励勤成功会师四强，马琳在对决中胜出杀进决赛。冠军争夺战中，马琳一鼓作气再胜王皓，成为本届奥运会的双冠王。王励勤在季军争夺战拿下佩尔森，中国男子乒乓球队前无古人地包揽了男子单打的冠亚季军，北大乒乓球馆继女单比赛后再次在男单颁奖仪式上同时升起三面五星红旗。

1996年亚特兰大奥运会，刘国梁与王涛会师决赛，12年后的北京，马琳、王皓与王励勤同时登上领奖台，中国男子乒乓球队攀上了奥运会乒乓球项目的最高峰。

马　琳

——乒乓球男子团体冠军、单打冠军

身　　高：1.74m

体　　重：65kg

性　　别：男

出生日期：1980 年 2 月 19 日

籍　　贯：辽宁沈阳

十年磨一剑的马琳

8 月 23 日，北京奥运会乒乓球男单决赛在马琳和王皓两位中国乒坛的实力悍将之间展开。

在王皓将最后一个球打飞，决胜局的比分终于从 10：6 变成 11：9，奥运冠军终属马琳。这个 28 岁大男人的泪水与满脸汗水连成了一片。他跳起挥拳，再跳起振臂，那亲吻胸前国旗的动作，像要把胜利吞进肚子里。然后，他回到场边的座位上，把脸埋进毛巾，足足半分钟，只见他双肩抖动，哭得难以抑制。良久，肿着眼泡，红着脸颊，哭够了的马琳像是忽然想起了什么，他一跃而起，一路跳过几层挡板，奔到斜对角看台上，与他在国家队的主管教练吴敬平热烈拥抱。和他亲如父子的吴敬平更看重他的意志力，他说：“我觉得，这么多年遭受了那样的磨难，马琳还坚持着，这是他身上最大的闪光点。”这个十年前开始在国际乒坛崭露头角的“最失意冠军”，这一刻终于修成正果。

值得一提的是，这枚马琳的第3枚奥运会金牌，也是分量最重的1枚金牌，成就了马琳的第15个世界冠军。这样，马琳也就超越了此前和自己并列的王励勤，成为中国男子乒乓球队获得世界冠军最多的人。

一、初出茅庐，崭露头角

马琳于1980年2月19日出生在沈阳市沈河区。父亲马辉在玻璃仪器厂上班，母亲夏静茹在纺织厂工作。

在马琳小的时候，母亲为了锻炼他的身体，曾想着带马琳去学踢足球。马琳6岁那年，沈河区业余体校杨沈立教练到学校挑选乒乓苗子。在一帮小孩子当中，虎头虎脑的马琳最结实，一双眼睛最亮最打眼，杨教练一眼就相中了他。但是，因为马琳是家中的独子，练乒乓球又需要吃很多苦，而马琳的父母对乒乓球是一窍不通，所以便回绝了教练的请求。马琳的爷爷得知这个事情，最终为马琳拿了主意，让马琳就当去“锻炼身体”。就这样，小马琳第一次走近球台。

乒乓球艰苦的训练让从没接受过专业训练的马琳很吃不消，一个星期之后马琳裤子磨出了几个大窟窿，手掌也磨起了血泡，马琳的父母再次产生了让他放弃打球的想法。杨沈立教练先后4次去马琳家主动找到马琳的父母，表示马琳很有潜力，并说自己想主动陪马琳练球。杨教练的诚意打动了马琳的家人，这才让马琳继续乒乓球的训练。就这样，马琳上午上课，下午练乒乓球。训练一段时间后，马琳进步很快。

贫寒的家境让小马琳有了一种与年龄不相称的成熟。凭借出众的天赋，加上刻苦训练，马琳渐渐在一帮孩子中脱颖而出。1990 年，10 岁的马琳进入省体校，成为了专业运动员。

这时，中国乒乓球男队正处于低谷，欧洲选手的横拍弧圈球打法一统江山，马琳传统的直板快攻打法被认为过时了。一个星期天，马琳回到家，忧伤地把自己的处境告诉父母。夏静茹夫妇认真地问：“孩子，你是不是真的热爱乒乓球?”马琳点点头。父母对他说：“既然这样，你就应该坚持下去。不管哪种打法，只要你刻苦训练，就有可能取得好成绩。”

虽然马琳从市体校到省体校，比赛成绩一直名列前茅，但不知何故，在本该进入一线队时，正式编制却迟迟定不下来。那时马琳已经 13 岁了。13 岁，对于一名专业乒乓球运动员来说是最为敏感的时段，一点儿都耽误不得。恰好在这时，13 岁的马琳去湖南参加全国少年业余乒乓球赛，给专程观看比赛的汕头乒乓球队刘铭水教练和领队黎修平留下了深刻印象。刘教练说，“我就在现场看比赛，看到马琳的打法、意识都非常不错，就想招到队里来。”当时汕头市乒乓球学校正在组建阶段，需要吸纳不少队员。就这样，被刘铭水相中的马琳成了汕头市乒乓球队的一名小选手。马琳来到汕头，开始代表广东队参赛。1994 年，在广东省运会上，马琳一口气为汕头队拿下乒乓球单打、双打和团体 3 枚金牌，并在后来的全国青少年锦标赛中勇夺他人生中第一个男子单打冠军。就在那场比赛中，马琳被当时的中国乒乓球男队主教练蔡振华慧眼相中，随即将他招入了国家队。

二、苦尽甘来的世界冠军

马琳是世界上第一个、也是唯一一个获得了4届世界杯冠军和蝉联世界杯男单冠军的人。他因而被誉为“世界杯先生”。但是，令人苦恼的是，除了世界杯，马琳却从未染指过世乒赛和奥运会的冠军。

1999年世界乒乓球锦标赛，马琳获得混合双打世界冠军，夺得自己第一个世界冠军头衔。正当马琳豪情万丈、信心十足地打算在2000年悉尼奥运会夺冠，把金灿灿的金牌献给父母时，2000年5月出征悉尼奥运会的名单宣布了，马琳名落孙山。

痛苦和失落如汹涌的暗流，在马琳的心海里翻滚着。很少流泪的马琳躲在一个角落里伤心地痛哭。马琳浑浑噩噩地在队里度过了两个多月，当队友们意气风发地奔赴悉尼赛场时，他带着一颗失落的心回到了沈阳，训练和比赛都受到了严重影响。在蔡振华教练、吴敬平教练和他的父母等人的帮助下，马琳好不容易才从这次失意中恢复过来。

2004年8月初，马琳奔赴雅典奥运会赛场。在单打比赛中，他的表现出乎所有人的意料，输给了几年从没有输过的老对手瓦尔德内尔，无缘四强。他因此沮丧不已。夏静茹夫妇守在电视机前看完这场比赛，马上给儿子发去短信：“战胜自己，你就赢了。男子汉要坚强，爸爸妈妈相信你能行！”父母的话仿佛又在马琳的耳边回响：男儿当自强！马琳迅速调整心态，抖擞精神，在三天后的双打比赛中，他与陈玘配合一路过关斩将，勇夺男子双打金牌。那一刻，夏静茹夫妇泪如泉涌：儿子终于成为坚强的男子汉了！

世乒赛更是他永远的痛。1997年，年仅17岁的马琳就被带到了曼彻斯特世乒赛的赛场上，去体验团体赛的气氛。1999年，19岁的马琳一举杀入世乒赛决赛，在他的晋级道路上，萨姆索诺夫、瓦尔德内尔和金泽洙先后成为手下败将。要知道这三个人再加上普里莫拉茨，就是那时中国队最大的四个对手，初出茅庐的马琳竟然一下干掉了3个！决赛中面对的是队友刘国梁，马琳显得斗志不如之前的比赛，最终输给了对手，成全了对手的大满贯。不过那时的马琳一定在想：没关系，我还年轻，还有未来。没有想到的是，马琳错了。他下一次进入世乒赛男单决赛，已经是2005年的事情，而在2001年之前一直被自己压在身下的王励勤已经早于自己获得了世乒赛这一至高的荣誉。结果，马琳又输了，王励勤第二次捧起了世乒赛的奖杯。2007年，马琳卷土重来，再次杀入决赛。决赛中他一鼓作气，以3∶1取得领先，并在第五局7∶3大比分领先，但是命运在此时再次和马琳开了一个玩笑，领先的马琳变得不会打球了。这还是那个杀气十足的马琳吗？没人知道答案。总之，马琳又输了。被称为三大赛的奥运会、世乒赛和世界杯中，马琳直到现在也只拥有世界杯的头衔。而他，已经是28岁，职业生涯的终点似乎就在眼前。

马琳在领回第二枚世乒赛银牌时在萨格勒布留下誓言：“只要能在家门口拿一次奥运冠军，这么多失败都是值得的。”终于，马琳抓住了机会。在北京奥运会上，马琳第三轮以4∶1力克斯洛文尼亚的托克奇，随后又连续以两个4∶0横扫希腊名将格林卡和韩国名将吴尚垠。半决赛，面对两次在世乒赛上绝杀自己的王励勤，马琳4∶2战胜对手，一扫两届世乒赛决赛中的心魔。在拼过了每每让他止步于冠军的王励勤后，马琳在决赛中又顺利战胜了王皓。马琳赛后冷静评价自己："这么多年了，拿了三次单打亚军，一次比一次离冠军近。外界总觉得在关键时候我的心态出问题，思想上过于保守，不坚定，不果敢，关键分患得患失。开始外界说，教练也说，总觉得不当一回事。从去年萨格勒布后，心里痛的，不敢提，别人提，也不想去聊。后来慢慢面对，从蔡导（振华）到刘导（国梁）不停让我回忆这些过程，使了太多的办法，支持和鼓励。没有他们，不会有今天的快乐。"他深情地说："有了最深的痛才有彻底的快乐!"

三、马琳与父母

父母的关爱一直伴随着马琳的成长。在体校期间，为了提高儿子的球技，夏静茹夫妇每月花50元，从沈阳市体校找了一名年龄较大、水平高的运动员做陪练。那时，夏静茹的工资才36.5元，马辉的工资还不到40元，而光给儿子找陪练就花去了50元，一家人的生活开支怎么办？马辉每天下班后就去火车站扛货，用自己的苦和累支撑起这个家，把儿子的前途艰难托起。

在人才济济的中国队，年纪尚小的马琳没有获得太多的参赛机会。看到其他队员在国际赛场上叱咤风云，马琳既羡慕又期待。他没有别的倾诉途径，只好把自己的想法都写进家书。为了开导儿子，父母一年中给马琳写了五十多封信，几乎是每周都给他写信。在马琳的倾诉中，夏静茹夫妇把一则关于蚂蚁的小故事告诉儿子："孩子，你看看小蚂蚁，一点一点地搬掉眼前的障碍，虽然看起来有点儿慢，却不会停下来。时间会让你改变很多，踏踏实实地走好每一步，有一天你会突然发现，自己竟然变得那么强大……"在父母的鼓励下，马琳稳定了情绪。

在马琳入选国家队两年后，父母相继下岗，这个本来就不富裕的工人家庭顿时失去了经济来源。为了不影响马琳在中国队的训练，夫妻俩决定暂时对他保密。马琳父母向亲戚借了几万元，在市区开了一家小饭馆，为了节省开支，他们既当老板，又当厨师，还是服务员，每天凌晨 4 点多就起床忙碌，夜里 12 点才打烊，每天都累得腰酸背痛。由于忙于训练和比赛，马琳那两年一直没有回家，直到 1998 年夺得亚锦赛的男双、男团冠军，又夺得马来西亚、黎巴嫩公开赛男单冠军后，马琳回到家乡，才发现父母如此辛劳。看到父母消瘦憔悴的脸，他哽咽着说不出话来。

落选悉尼奥运会后的那些日子，马琳不敢提乒乓球，不敢看悉尼奥运会的乒乓球比赛。在痛苦的煎熬中，马琳耳边响起了父母曾对他说过的话：人可以被打败，但不可以被打垮。他想，这种精神在父母身上得到了淋漓尽致的诠释，而自己不过是落选奥运，难道就这样沉沦下去吗？不！马琳坚定地吼叫着，重新将全部精力投入到训练，开始了自己新的征程。

在乒乓球赛场上征战多年，马琳一直有一个心愿，就是回报父母。他用比赛的奖金给父母在沈阳买了一套大房子，并请求父母不要再开小饭馆。不过，辛劳了一辈子的父母，语重心长地对马琳说："我们虽然是世界冠军的父母，但不能拿来当炫耀的资本，从此什么都不干。那样，我们会很空虚。"

四、马琳趣事

——烧鸡奖励。启蒙教练杨沈立讲了一个马琳儿时的趣事，"刚开始练球时，马琳并不喜欢乒乓球。小时候的马琳喜欢吃烧鸡，他爸就告诉他，为了将来总能吃上烧鸡，你要如何努力。后来我知道了，也时不时给马琳买个烧鸡奖励一下。那个时候条件也不好，买来烧鸡有时候我自己的儿子都不给吃，都是为了培养出一个冠军啊！"大概是烧鸡的激励作用，马琳后来对乒乓球的喜好程度超出众人想像，"年三十儿晚上他到家找我，还要打！你说这样的孩子能不出息吗?"

——小小大胃王。在汕头乒乓球学校接受训练的两年时间里，马琳年龄虽小，却十分刻苦。1994 年世界杯足球赛期间，有一天晚上，马琳和七八个队员一起到刘铭水教练家里看球赛。刘师母做了一大铁锅辣椒面汤请他们，大家都吃完了。马琳意犹未尽，干脆自己一人捧起大铁锅，稀里呼噜地将面汤喝得干干净净。想起当时的那个情景，刘教练现在还忍不住会开怀大笑。

——耗鞋的世界冠军。马琳少年时期所在的汕头市乒乓球学校一名运动员的训练时间至少是一天 7 个小时，训练量大概要比其他地区的运动员多出 1/3。而马琳的训练态度非常认真。尤其是备战广东省九运会期间，训练量大，训练时间长，加上马琳打法特殊，一旦侧身，正手没有打死对方，对方打一个反手，只有通过积极跑动回位，才能够挽回态势。正因为这种打法，让马琳的跑动多于任何的选手，一周就练坏一双运动鞋。后来，1994 年 1 月，他第一次入选国家队二队。第一次集训的 60 天里，整整打了 260 场比赛，他磨破了三双球鞋。随着年纪和体重的增加，他与其他选手相比最耗球鞋。一个月换一双球鞋，对他来说是常事。

——培养吴敬平教练的酒量。从 13 岁马琳进国家队开始，吴敬平对马琳是亦师亦父。师徒两人在北京的家挨在一起，两家共用一个阳台。马琳那边的装修，还是吴敬平帮忙张罗的。有时候，女队的施指导（施之皓）到男队串门，看到吴敬平不在，就会问马琳：“你爸呢?”吴敬平以前滴酒不沾，马琳高兴的时候会喝点。这些年马琳在吴敬平手下球技大长，吴敬平在马琳的熏陶下酒量也进步神速。他从以前一口都不喝，练到了喝两口，后来练到能喝两杯，如今吴敬平一次喝两瓶啤酒已不在话下。马琳曾总结说：“培养师傅的酒量，就像喂多球似的，一点点加量。”

——“智多星”。“和马琳打球太别扭了，他总是打得你特别难受。”这几乎是所有和马琳比赛的对手赛后的第一感受。出道至今 10 年，在中国乒乓球队内，马琳是公认的打球最动脑子的球员之一。即便是足智多谋的刘国梁，也对当年自己和马琳第一次交手的情形记忆犹新。“一看就和其他人不一样，打球的时候想得特别细。”在北京奥运的决赛中，面对能力已经超过自己的王皓，马琳更是动足脑筋。

从发球、落点到节奏，无一不在限制王皓上做足文章。赛后，走下解说席的前世界冠军王涛对马琳的表现竖起了大拇指。“马琳每一拍都在让王皓难受。他是用脑子和王皓的超强实力在拼，太让人佩服了。”“马琳是绝对的‘智多星’，这场球说明了一切。”

王　皓

——乒乓球男子团体冠军

身　　高：1.76m

体　　重：65kg

性　　别：男

出生日期：1983 年 12 月 1 日

籍　　贯：吉林长春

未来领军人王皓

冠军只有一个，当马琳流出喜悦的泪水时，他的对手王皓只能无言沉默。当银牌再一次挂在这名上届奥运亚军的脖子上时，王皓的表情开始极度抽搐，泪水终于摆脱了他的控制，夺眶而出。而后，他擦掉了眼泪，忍住悲伤，恢复冷静，用一个标准的军礼向全场致敬。王皓哭得像个男人，像个军人。虽然失败，但他仍然站在台上，他已经敢于面对他的成功与失败。王皓的未来一直都在。蔡振华曾说，“以他的技术和实力，可以击败世界上任何对手。”未来的世界乒坛可能要进入王皓时代了。

一、成长之路

王皓 1983 年 12 月 1 日出生于吉林长春。因为父亲王忠全业余时间也喜欢打打乒乓球，所以在儿子还小的时候，他就选择了让王皓学习乒乓球。虽然那个时候还没去想要让王皓走上职业运动员的道路，但在父亲看来，男孩子学一项运动对他今后进入社会总归是有好处的。

从6岁起，在父亲的启蒙下王皓开始练习打乒乓球，并被送到少年宫进行训练。每天，父亲用自行车带着他沿着长春二道区家里、铁路子弟二小、市少年宫训练馆三点一线地跑，日复一日，年复一年。长春的冬天，气温降到零下二十多摄氏度，王皓坐在自行车后面非常冷，他就用小手搓着冻红的耳朵跟在自行车后面跑。夏天，碰到下雨，父亲让王皓顶一个塑料袋避雨。几年过去了，王皓从未缺过一堂训练课，他的童年是在艰苦的训练中度过的。

王皓的启蒙教练是薛瑞昆，当年正是有了这位伯乐才让王皓走上了乒乓球这条道路。薛瑞昆教练还清楚地记得第一次看见王皓的情景：虎头虎脑的王皓显得十分机灵，“他看着挺腼腆，比别的小孩长得壮实。为了捡球，他‘嗖’一下就跨过挡板，别的小孩还要慢慢迈过去。”刚刚接触乒乓球的王皓便显露出过人的天赋，“我给王皓他们一批孩子第一次做考核，让他们原地颠球。第一次拿球拍的王皓就颠了六个，其他孩子连拍子都拿不稳呢。”但是，薛教练认为，王皓成功的原因除去天赋、机遇等因素外，勤奋与投入最重要。他说，“我训练时，包括现在，最常说的一句话是：抓紧时间，跑步捡球。但从未对王皓说过。不用你说，他嗖嗖嗖追着球就跑过去了，总是以最快的速度捡回来。而且从未有过一边唠嗑一边打球的事，别人一堂课效果有1/3，他恨不得能达到3/3。”“王皓这孩子性格挺内向，一开始来班里的时候，这孩子并不爱说话，就知道自己闷头练，训练也很刻苦；身体素质好，打球的意识非常强。相比起其他的孩子，他学得快，球技的长进也很快，连续两次获得长春市少年儿童低年级组和学龄前组的冠军。几乎所有参加的比赛，王皓总能拿到第一名。我觉得这个孩子是个难得的好苗子，所以一直带着他。”除了正常的训练课程，很长一段时间，薛瑞昆还时常给王皓免费加练。他说：“带王皓一段时间后，虽然还不敢想什么世界冠军、奥运会冠军，但我能感觉到这是个非常不错的苗子，就是将来不从事乒乓球事业了，也会很有出息。”

9岁的王皓就这样开始从事专业训练，10岁的时候被长春体校破格录取，从此开始了追寻世界冠军的梦想。当时的王皓是校内年龄最小的运动员。不过，一脸稚气的王皓却从不服输。每次队内比赛，王皓总要挑战比他大的孩子，虽然胜少负多，但他屡败屡战，成绩在队里提高得最快。1996年，13岁的王皓在全国少年乒乓球比赛中夺得第三名，不少俱乐部开出了相当优厚的待遇邀请他加盟。王皓的父亲王忠全谢绝了所有邀请，将王皓送进了八一队，让儿子成为了一名军人。八一队强手如云，王皓和王涛、刘国梁等成为队友。王皓在竞争中迅速成长，很快脱颖而出，两年后凭借自己的实力，15岁的他进入国家队。

刚出道，王皓就以正宗的“直拍横打”的先进技术引人瞩目。相对于“直拍横打”仅仅是半路出家就拿到了世界乒坛“大满贯”的刘国梁，人们自然也对从小就苦练“直拍横打”的王皓寄予了更大的希望。

2002年，王皓一举夺得埃及公开赛男单冠军，排名也跻身世界十强，与波尔、庄智渊并称为乒坛最具潜力的三大新星。然而，2003年他却遭遇了人生的一个小低谷。世乒赛单项比赛失利后，10月的世界杯比赛他三战连胜进入八强，但在与比利时名将塞弗的比赛中，他在连胜两局的大好局面下反而最终输掉了比赛。指导他比赛的教练、昔日的队友刘国梁说："这场球他完全不是输在技术上，而是输在比赛经验，包括心态、大赛心态的调整。我认为他也为他的年轻付出了这场球的代价，所以这也是正常的，年轻队员经常会碰到这样的问题。我也希望这是王皓在世界大赛中付出唯一的一次代价。"

王皓很快就振作起来。2003年12月，国际乒联巡回赛总决赛在广州举行，刚刚度过自己20岁生日的王皓希望用胜利来重塑自己的信心。赛前的他也面临着来自各方的压力。闯入决赛的王皓面临同样是年轻队员的郝帅，心态已经开始成熟的他没有给对手机会，总决赛冠军证明了王皓的实力。2004年3月7日，世乒赛团体赛决赛中国对阵德国，作为主力队员的王皓第一个出场与德国名将波尔交手。结果王皓的发挥超出了所有人的想像，承受着巨大压力的他，将自己的激情完美地呈现在全国观众面前，3：0大比分的获胜打乱了德国队赛前的部署。王皓的出色发挥让坐在看台上的蔡振华也是称赞不已。作为领奖台上最年轻的运动员，第一次参加世乒赛团体赛就夺得冠军的王皓和队友一同享受着冠军带来的快乐。

二、痛苦的"千年老二"

正当王皓决定大展身手的时候，雅典奥运会上他却遭遇到了人生的重大挫折。2004 年 8 月 23 日，第 27 届奥运会乒乓球男单决赛，对阵双方是中国的王皓与韩国的柳承敏。作为奥运会乒乓球分量最重的男单冠军，当时国人的目光都盯在了这个 20 岁出头的小伙子身上。由于王皓的实力，许多国人都顺理成章地把这枚金牌提前归入中国队囊中。因为在奥运会比赛前，王皓和柳承敏数次交手，都是王皓以绝对优势取胜。决赛开始后，王皓先以 2∶0 领先，可是之后比赛的主动权却被柳承敏控制，柳承敏正手抢攻能力强的特点发挥得淋漓尽致。而王皓太想拿下这枚金牌了，背上了想赢怕输的思想包袱，过分依赖反手，节奏完全被柳承敏掌控。看台上的蔡振华几次站起来冲着赛场大喊，坐在台下的刘国梁同样也是不停地对着王皓大喊。但重压之下的王皓已经乱了阵脚，并最终以 2∶4 落败，丢掉了这枚分量最重的乒乓球金牌。时任中国队总教练的蔡振华事后坦言："从他走上赛场的那一刻开始，我就有不祥的预感。"事后回忆起来，王皓说，"其实，在来雅典之前我就经常会失眠，心里想的全是拿不到金牌的种种后果。到了赛场上，我心里挺紧张的，我能看到周围的人都在冲着我喊，但是我却感觉自己什么都听不见。"比赛结束后那晚，他给家里打了 6 个电话，前 5 次都泣不成声。此后的一周多时间，王皓也几乎天天是以泪洗面。

回国以后，他甚至成为"千夫所指"，压力可想而知。那次失利的巨大阴影笼罩了他很长时间，成了王皓乒坛生涯的巨大障碍。此后，他患上了"决赛恐惧症"：每次比赛，他都能凭借自己的实力打入决赛，可是一到决赛的时候他又变得魂不守舍、神情恍惚。2005 年全国十运会决赛他输给王励勤；2005年、2006年，王皓两次打入世界杯决赛，2005年他在大比分3：2、第6局8：4领先的大好形势下被德国选手波尔翻盘；2006年又被马琳大逆转。王皓赖以成名的反手直拍横打技术，在决赛中也仿佛失去了攻击力，对“敌人”没有杀伤力。他一度成为全运会、世界杯、总决赛的“亚军大满贯”，连续四次重大赛事获得亚军。有媒体称王皓为“千年老二”，在冲击冠军的路上总是差最后一口气无法突破。

丘吉尔有句名言：永远，永远，永远不要放弃！因为很多胜利往往都在于坚持的最后一点点。而“就差一点”的经历，恐怕谁也没有王皓体会深。总能进决赛，可就是拿不了冠军。太渴望胜利，可越想赢就越赢不了。是运气不好还是实力不够？他时常这么问自己，也曾设想过如果当时在场上某个环节自己处理得再好一点，某个时刻再坚定一点，想法再少那么一点，也许结果就会不一样。可残酷的竞技体育从来就不相信什么如果。在多次大赛的决赛中，他都输在了心理和自信心上。王皓回忆说：“雅典奥运会输球后，我的确是很长时间没缓过劲来。随后一年又拿了一堆银牌。我记不清是哪次大赛得了第二之后，一个朋友给我发来调侃的短信，大概是这样写的：‘没关系，如果你再拿一个世锦赛男单第二，就成了男单亚军大满贯得主了。’我知道朋友这么说我是没有恶意的，但当时看来挺伤自尊的。但是后来有一次，我听到刘国梁指导在接受采访时说，王皓能被叫‘千年老二’，说明他有争冠的实力，每次都能打进决赛也很不容易了。其实他差的就是那一层纸，捅破了也就豁然开朗了。我心里也就没有那么介意了，谁叫自己总是冲不上去呢!”

三、重振精神

在总局训练馆里的王皓依旧是少言寡语的，但是他会更加主动地去与教练吴敬平和主教练刘国梁沟通。在教练眼中，他不再是那个仅仅只有灵气的孩子，他更加上进，更加富有活力，而且随时做好了“上场”的准备。卧薪尝胆之后，王皓终于有了脱胎换骨的变化。

2006年11月，在多哈亚运会上，王皓放弃了稳中求胜的策略，开始敢于搏杀，霸气十足。决赛中，王皓战胜马琳拿到冠军，打了翻身仗。紧接着，在11月举行的世界职业巡回赛总决赛中，他又一次摘得桂冠。2006年冬天成了王皓丰收的季节。2007年几乎成了“王皓年”，王皓一直呈上升状态——在国际乒联的排名长期保持第一，只有马琳曾经动摇过他的位置。他的技术特点和心理素质也提升到新的境界，与宿敌柳承敏交手时再也没有输过。2007年世乒赛男单季军、男双亚军，世界杯男团、男单冠军，国际乒联巡回赛斯洛文尼亚站男单冠军，克罗地亚站男双冠军（与马琳），深圳站男单、男双冠军，南京站男单亚军、男双冠军，日本站男单冠军、男双亚军，亚锦赛男团、男单冠军、男双亚军。全年出席八站国际乒联巡回赛，王皓六度闯入决赛，四次夺金，并首次获得世界杯单打冠军，第一次荣登世界排名榜首。尤其重要的一战是2007年10月15日的世界杯男单决赛。还没有在乒乓球最主要的三大赛事——奥运会、世锦赛、世界杯中拿过冠军的王皓，在世界杯男单决赛中又迎来了老对手柳承敏。在这充满着复仇意味的一战中，王皓爆发出了巨大的能量，打得对手毫无还手之力，留给柳承敏的只有无奈的苦笑。

四、重在将来

然而两届奥运会的决赛，如出一辙的过程，让王皓再次品尝到了失败的苦涩。或许，高手对决，胜负真的只在一线之间。

实际上，王皓与马琳在国家队的主管教练都是吴敬平。尽管两人都是世界顶尖高手，但在吴敬平眼里，王皓还是更多地让他费心。马琳脑子灵活，打球活络想法多；王皓人老实，训练刻苦，但就是太老实了。“这个孩子的优点是很听话，但缺点也是他太听话了。”吴教练说，因为王皓非常听话，他有时候就很难在赛场上有自己的想法，很容易被别人牵着鼻子走。这一点让他很担心。而 8 月 23 日晚上的北京奥运会男单决赛中，王皓再次被吴敬平不幸言中，正因为他比较容易受制于人，在场面上早早就处于被动。提到这位师兄，王皓有点无奈：“我输了他很多次了，2007 年世界锦标赛，2006 年世界杯，加上这次奥运会，三大赛全是输给他。如果不是马琳的话，我感觉自己可能已经拿到一两个单打世界冠军了。不过这也很正常。其实在比赛中，胜负往往就在一两分。”当提到如果决赛的对手是王励勤，王皓的奥运银牌会不会换个颜色，王皓摇了摇头：“其实也不一定。虽然最近我和王励勤的战绩是全胜，但我也有可能因此而背上包袱，所以不到比赛最后一刻就不知道结果会怎样。毕竟那是奥运会的决赛，跟平常普通的比赛是不一样的。也可能是半决赛赢完老外（瑞典名将佩尔森）

之后，这口气就已经泄了一半，因为感觉已经把所有外国人都挡在决赛之外了。——这个教训是应该吸取的。”

和 4 年前相比，失利后的王皓没了眼泪。王皓曾敞开心扉，“其实心情还行，不像想像的那么沮丧。同样是输球，但这次肯定比上一次好很多。上一次是输给外国人（韩国名将柳承敏），而这次是输给马琳，只是感觉有点遗憾。毕竟在团体赛中自己还是拿到奥运冠军了。从小开始打乒乓球，我就希望能够替祖国拿到奥运冠军，而这个目标已经实现了。至于单打方面，只是个人的一个理想而已。”奥运会男团的金牌，慰藉了王皓受伤的心。“经过多年的积累，我已经长大了，我已不再是以前的那个王皓。”对于这次失利之后可能又有人要把“千年老二”的帽子戴到王皓头上的问题，王皓的回答仍很平静，“会吗？还好吧，因为我世界排名还是第一，团体赛也拿到冠军了。况且，还有 4 年。”命运虽然残酷，好在对于 25 岁的王皓来说，未来之路依然漫长。正如王皓所说，“输赢不算什么，我始终没有放弃信念。4 年后，我会再来！”

两届奥运会，两块男单银牌，对王皓究竟意味着怎样的伤痛？在北京奥运会之前，王皓凭借艰苦努力摘掉了“千年老二”的帽子和阴影。然而，在奥运会结束后举行的 2008 年中国乒乓球公开赛中，王皓再次收获了男单和男双两个亚军，这个帽子和阴影又回来了吗？上海大奖赛王皓和陈玘的男双配对，似乎就是在为四年后做准备。王皓现在排名仍是世界第一。可是四年后的伦敦奥运会还是那么遥远，那么不平坦。但有理由相信，未来的几年，王皓将是中国男子乒乓球队的领军人物。

五、父母亲情

年轻时上过乒乓球业余体校的王忠全，尽管没有取得过什么冠军，但是对于乒乓球却是一往情深。为了让儿子安心练球，父亲从不间断地每天接送王皓。原单位觉得他常常因接送孩子耽误工作，劝他放弃工作专心照顾儿子。这是王皓父亲第一次失去固定工作。之后，王皓父亲更换了工作，结果又是因为王皓训练而被单位辞退。王皓家一度没有稳定的经济来源，生活非常困难。全家的生活开销，王皓的学费以及价格不菲的打球陪练费等，全落在王皓母亲刘志英一个人肩上。勤俭的刘志英硬是凭着自己在长春市专用汽车制造总公司的一份薪水挺过了全家最艰难的几年。

雅典奥运会乒乓球男单决赛，王皓意外地输给柳承敏痛失金牌后，一共给家里打过 6 次电话，每一次他都哭了。父亲王忠全说，“决赛那天，我被央视请到北京演播室作嘉宾，王皓妈妈则留守长春看直播。比赛打完后，我们都被这个结局惊得说不出一句话。因为，此前王皓和柳承敏交锋，王皓 6 战保持全胜。男单决赛打完后，王皓妈妈从长春给我打电话报信，说乐乐从雅典打回电话了，不说话，一直哭，打来 6 次哭了 6 次。后来，我把电话打到了雅典，说：‘儿子啊，不能老是悲伤，不能一蹶不振。你要坚强些，后面还有世乒赛、世界杯和 2008 年奥运会。”他聊起王皓雅典输球后那一刻的点点滴滴，一切仍历历在目，“太刻骨铭心了。”

王皓是中国乒乓球队的头号帅哥，其人气和受追捧的程度也是最高的。因此他有没有女朋友、女朋友是谁以及他的择偶标准自然备受关注。大家也许都记得雅典奥运会前国家乒乓球队的那场“恋爱风波”。当时范瑛、白杨、李楠和候英超，由于谈恋爱导致训练不佳，被调整出国家队。而范瑛据说就是王皓的女朋友。当记者提到这个敏感话题时，王皓立马给予否认。他说：我今年 21 岁，还很年轻，应该以事业为重。还没有时间去考虑女朋友的问题。至于与范瑛的传言，他说，队里有严格的规定，我们不可能怎样。大家毕竟是队友，抬头不见低头见。总也不可能假装不认识吧，打个招呼，说上几句话，很正常。没有女友并不意味着没有朋友。尽管忙碌奔波于各项赛事，训练环境也相对封闭。王皓还是找到了一位最贴心的好朋友：汽车。当然这也是受队友们的影响。人人爱车的中国乒乓球队，在去年年底又多了两个爱车族——王皓和牛剑峰。作为去年职业巡回赛总决赛的男、女单打冠军，他们各获得了一辆大众甲壳虫。牛剑峰把车送回了河北的家，王皓则自己把车驶上了北京街头。

六、点滴趣事

——“乐乐”。“乐乐”是王皓的小名，家里人和朋友都喜欢这样叫他。圆乎乎的脸，笑起来眼睛眯成一条线，王皓就是“名副其实”的乐乐。因为生活在双职工家庭，三岁的小王皓就得跟着妈妈去上班了。王皓妈妈刘志英说：“我工作的单位是长春专用汽车制造总公司。王皓一跟我去单位，很多同事都抢着想抱抱他。几个男同志抱过去亲亲，王皓乐呵呵地跑开躲起来，说是胡子扎。人家逗着王皓玩，就把他放在自行车前面的筐子里到处逛，他也还是乐呵呵的。你说，我家的孩子整天就乐呵呵的，他在乐什么呢?”而“乐乐”这个小名也因此成为大家对王皓的爱称。

——“男扮女装”。翻开王皓的相册，很多张女孩打扮的照片格外特别。有张照片中的王皓，头上竖着两个小辫子，额头正中还点着一颗红点。王皓妈妈刘志英说：“王皓小时候太顽皮，经常惹祸，我和她姥姥就爱把她打扮成女孩的样子，扎小辫子，穿小裙子。上幼儿园的时候，王皓还一直和我说：‘妈妈，我是女孩中最漂亮的。’后来长大一点，不能再打扮成女孩了，他就追着我问：‘妈妈我怎么就变成男孩子了?’”

——半价乘小巴。公交车是王皓穿梭于少年宫和家的首选交通工具。因为父母上班很少能抽出时间，王皓很多时候是一个人搭公车，而每次到了少年宫，他总会借门卫的电话往妈妈的办公室拨一个，表示已经安全到少年宫。而每天练完回家，王皓还是一个人搭公车，不同的是父亲会在离家最近的公交车站等着他，然后一起回家。王皓一个人揣着五毛钱去训练，然后搭大公共回家。有一次父亲王忠全在车站接王皓，却见他从小巴上下来。因为乘小巴是一块钱的票价，父亲纳闷了，因为他知道王皓只有五毛钱。“我上车就和阿姨商量，我不坐座位只站着。”王皓还是乐呵呵地告诉父亲。

——一分抵两分。在少年宫练球时，放弃推挡技术，直接练起直拍横打的王皓也经历了一段痛苦的磨砺。为了调动他使用直拍横打的积极性，教练薛瑞昆想出了“以一抵二”的好办法，也就是说在比赛的过程中王皓用直拍横打每得一分就算两分。这对于一个小孩来说这确实有很大的吸引力。往后在与教练和其他小队员的对练中，王皓直拍横打的使用频率慢慢地提高了，直到直拍横打成为一种条件反射，收发自如，得心应手。

——依恋“吴爸爸”。2000 年王皓从二队升到了一队，在同年龄组的孩子里算是中等水平。不过，由于和八一队的关系不错，吴敬平抱着帮帮忙的态度将王皓招至麾下，并一步步把他带了出来。王皓的妈妈刘志英说：“乐乐跟吴指导的感情有时甚至超过了跟我们的感情。有时候吴指导不带他出去比赛，比赛完了他给我们打电话，不用我们问，第一句话肯定是我刚给吴指导打过电话。”连王皓的一些朋友在看完比赛后也会跟他开开玩笑：“哎，我们在电视上看见你吴爸爸了。”有时候出去打公开赛，吴敬平没有随行任务，王皓甚至会对他说：“您能不能自费去？我给您出机票钱。”2005 年初，男队要进行重新分组，当时马琳、王皓、陈玘三名主力都在吴指导这组。吴敬平非常犹豫，三个人都承载着自己的心血和梦想。王皓找到他说：“您可千万别把我交出去，得一直盯着我。”每次教练开完会，王皓都会问个究竟。2005 年初的玉林热身赛后，教练组开完会，王皓又来问，吴敬平就跟他开了个玩笑，“已经定了把你分出去了。”王皓听完眼睛都大了，连问了好几个“真的？真的？”已经眼泪汪汪的了。看到徒弟这么大的反应，吴敬平也受不了了，马上说，“还没定。”后来王皓说：“吴指导，您这个玩笑开大了。”

王励勤

——乒乓球男子团体冠军

身　　高：1.86m

体　　重：75kg

性　　别：男

出生日期：1978 年 6 月 18 日

籍　　贯：上海

希望成为常青树的王励勤

与马琳被称为“世界杯之王”相对应，王励勤被称“世乒赛之王”。但是，王励勤没有马琳那样幸运，而是与王皓同病相怜——同样延续了上届奥运会的结局。他在雅典奥运会的半决赛中输给王皓，在北京奥运会的半决赛上又输给马琳。虽然第三次征战奥运，在两届奥运会上取得的都是铜牌，这位世乒赛三冠王终究还是未能收获一块奥运男单金牌。有人说，王励勤是乒坛奇才，是世界“乒坛一哥”。也有人说，王励勤的心理素质太差，“一到关键时刻就掉链子”，难当重任。王励勤既有辉煌的对决，也有不堪回首的灰色记忆。乒坛内外的王励勤究竟是一个什么样的人呢？

一、幸运入门

1978年夏天，王励勤出生在上海市闸北区一个普通工人家庭。“他生下来时有6斤半，哭起来嗓门特别大。特别是夜里，大嗓门一响起来我和他爸爸就手忙脚乱的。”那年，他的父亲李荣富和母亲王月华都在土产公司当驾驶员，用王妈妈的话说“条件算比较差的”。当时，一室半的房子里挤了一家三代五口人——还有王励勤的外婆，和大他两岁的姐姐。他的家庭是一个传统的中国家庭——女主内男主外，在家里妈妈说了算，在外面爸爸拿主意。说起当初给儿子取名字，妈妈王月华说：“他姐姐跟爸爸姓李，他跟我姓，这样‘公平’些。名字是我们一家人一起取的，意思是勉励他以后要勤奋。”虽然家境窘迫，全凭母亲精打细算，吃穿上并没有让孩子亏着，所以王励勤身体从小结实。王励勤3岁进芷江西路幼儿园时，因为爸妈都在离家很远的徐家汇上班，所以，每天早上王妈妈先将儿子送进幼儿园，再去上班，晚上下班后再接回来。而王励勤也无论刮风下雨总是6点半准时起床，随着妈妈出门；晚上6点最后被妈妈接走。

1984年2月的一天，王励勤所在的芷江西路幼儿园，来了一位特殊的客人——闸北区体校乒乓教练沈益民。他要在这个幼儿园大班的孩子里，挑出几个可以打球的“好苗子”。幼儿园的园长告诉沈益民，半年前已经有人挑过苗子了。但沈益民说他的标准和其他人不一样，“要和欧洲力量型选手抗衡，一定要兼具南方人的灵巧与北方人的粗壮。”个子高是他“选秀”的标准之一。正是沈益民教练这个当时与众不同的观念，高个的王励勤才引起他的注意，并幸运地将王励勤引向乒乓球之路。当时为了考察王励勤在其他方面的表现，沈益民几天后再次来到幼儿园。时间恰逢孩子们午睡结束。老师起床令喊过，王励勤一骨碌爬起来，叠好被子，安静地坐在小板凳上，速度比谁都快。“小小年纪，自理能力还不错……”沈益民说。未来的岁月仍然在继续验证小家伙的这种自控能力确实比一般的小孩强。沈益民最后一次“考察”他，是在孩子们的自由活动时间。其他孩子都在踢毽子，只有他闷头玩了半小时的球，弄得满头大汗。“小家伙有韧劲！三次看下来，的确和别的小孩不一样，完全是个小大人。”于是，问王励勤喜不喜欢乒乓球，想不想打？王励勤回答，想！“那么你回家问问爸爸妈妈同意不同意。”王励勤一听，乐得蹦了起来，回家就吵着喊“我要打乒乓球”。王励勤的父母虽然都不会打乒乓球，但也有望子成龙之心，同时也希望孩子通过锻炼有个好身体。看到孩子乐意，王妈妈故意难为他：“打球要吃苦啊，你怕吗？”王励勤声音洪亮地回答：“不怕！”这个6岁的孩子，其实根本不知道什么是乒乓球，但他的人生轨迹却从那一刻起被彻底改变。于是，王励勤在自己的乒乓之路上，幸运地跨出了第一步。

6岁的王励勤参加训练，给一家的生活增添了很多困难：孩子还小，出门更远了，每天还得及时接送；他运动量大，营养要跟上……当时全家人都为他倾尽全力，父亲李荣富负责他的体能训练，母亲王月华、姐姐李玮瑾负责辅导功课，而年迈的外婆洪赛银则负责料理外孙的日常生活。王励勤虽小，却知道全家人为他做出牺牲是为了什么，自己只有好好练球，打出成绩，才对得起家人。在沈益民的印象中，王励勤是属于比较聪明刻苦的学生。唯一一次被罚，是因为王励勤步伐跑不到位，沈益民拿起鸡毛掸子就往腿上抽，一抽就是一道杠。而在妈妈的记忆里，王励勤在跟随沈指导训练的 7 年里，只因为发高烧请过两天假。“王励勤是比较自觉的，从小就乖。生病了，他还是坚持训练。只有一次因为发高烧，实在撑不住才请了两天假，平时有点小毛病他都不吭声的。”当年，上海闸北区体校训练的场地就设在指元路 289 号的防空洞里。防空洞有 400 平方米，可同时容纳 40 个孩子。那时，沈益民让王励勤用一只 2 公斤左右的铁拍进行训练。沈益民回忆道：“练的目的是要增加手臂力量，因为我们正常用的乒乓板比较轻，我这个铁板做好以后有 1.5 至 2 公斤的。手臂力量大的孩子用稍微重一点的，手臂力量稍微差一点的用轻一点的，王励勤用的是最重的。当时他不到 6 岁，幼儿园大班，还没上学。不过他的身体素质不错。”

1988 年，10 岁的王励勤获得上海市少年冠军。1991 年，王励勤进市队。1992 年 8 月，时任中国男子一队教练的李晓东带着爱徒王涛勇夺巴塞罗那奥运会冠军后，担任了国家青年集训队主教练。上任不久，李晓东在一次全国观摩赛中，发现上海队的王励勤显现出良好的潜质，于是在第二年 5 月将年仅 15 岁的王励勤从上海队挑入国家青年集训队。进入人才济济的国青队，王励勤实力不突出，尤其是反手技术比较薄弱。一个多月后，一些技术特点鲜明的队员纷纷被国家队教练相中，王励勤却无人问津。李晓东心中纳闷，专门找几个教练询问为什么不带王励勤。教练们有的嫌他个太高影响灵活性，有的觉得他打球缺乏灵气。王励勤看出自己不怎么受教练喜欢，球场内外都郁郁寡欢。李晓东意识到：沉闷和缺少活力的个性会成为王励勤的桎梏，甚至就此毁了他。身为教练，李晓东想暗中观察王励勤一段时间。一次，李晓东故意从国家队一队叫来王涛，让他和这些年轻球员过几招，每局让小队员 5 球。李晓东发现小队员都很兴奋，只有王励勤依然没有表情，忍不住问道："敢和奥运冠军赛一局吗?"没想到王励勤语出惊人："要比就 0∶0 好好比，让 5 分是对我们的不尊重!"李晓东拍着王励勤的背说："这才有冠军的血性呀!"一周后，他将王励勤招至麾下。

在国家乒乓球队这支平均身高 1 米 70 的队伍当中，1 米 86 的王励勤显得格外醒目。右手横拍的王励勤有着和欧洲运动员相似的身高，这是中远台相持打法的优势。但在李晓东看来，有时优势换个角度看倒成了劣势。"你看他手长脚长，挥拍幅度很大。在我们打球中有对时间点的说法，但正是他的身体条件导致他经常对不上点。"李晓东笑道："王励勤在学习新难度动作的时候，总比别人慢些，所以我常调侃他是个'笨小孩'。"

二、曲折起伏的竞赛征程

从小到大，"内向"二字，似乎一直写在王励勤的脸上。他平时少言寡语，为人憨厚。面对周围人的怀疑，王励勤更加沉默了，他把所有的精力都放在训练当中。艰苦的训练终于换来了成功，王励勤一出道就让人耳目一新。1997 年，当时年仅 19 岁的王励勤在世锦赛上崭露头角，男单项目进入16强，男双冠军、混双季军。1998年他又在亚锦赛夺得男单冠军，1999年年初夺得世界职业巡回赛总冠军。

但是，由于欠缺过硬的心理素质，王励勤在参加当年世乒赛时负于日本的“削球机器”松下浩二。当时的国乒队主帅蔡振华恨铁不成钢，把亚洲冠军王励勤说成“木瓜脑子”。

王励勤并没因此而气馁。2000年的悉尼奥运会是王励勤的第一次奥运会之旅，虽然未能获得男单参赛资格，但他还是得到了和老搭档阎森共同征战双打比赛的机会，并在决赛中战胜了另一对中国组合刘国梁/孔令辉夺得金牌。2001年，王励勤在大阪世乒赛决赛前扫清了佩尔森、蒋澎龙这几位中国队夺冠的“拦路虎”。当时这几位选手不仅排名高，而且已属顶尖高手。特别是对蒋澎龙的这一战，由于意义特殊，中国代表队团部是下命令要王励勤一定拿下的。王励勤没有受到刘国梁负于对手的影响，而是轻松拿下，表现出良好的心理素质。失败和挫折教会人成长，决赛中王励勤用实力和意志证明了自己，他终于男单称王了！胜利后这个1米86的小伙子泪流满面，那是一次酣畅淋漓的宣泄。在同年的世界杯赛上，他败给了同样身高臂长的小萨屈居亚军，但这并没有影响他的前进步伐。2002年亚运会，王励勤单骑闯关，连克吴尚垠、庄智渊。当中国乒乓在釜山遭遇滑铁卢，这枚金牌的分量自然不轻！

4年后的雅典，踌躇满志的王励勤带着夺取男单金牌的目标踏上了第二次奥运征途，但在半决赛中却倒在了王皓面前，只获得一枚铜牌。2005年后的王励勤终成大器，在第48届世乒赛上包揽男单和混双两枚金牌。两年后的49届世乒赛上他又成功卫冕，成为继庄则栋后又一位世乒赛三冠王（第46、48、49届冠军）选手，这无疑显示了他世界第一的风范。然而，自从萨格勒布世乒赛之后，王励勤又遭遇了长时间的低迷。2007年，当他实现世乒赛三连冠后，却意外地在巡回赛中遭遇了十年罕见的冠军荒……这个不完美的赛季，让他的北京奥运之旅再生波折。在中国乒协的年会上，乒坛名宿、教练员为“谁最有资格参加北京奥运”的投票中，王励勤这个不来梅世乒赛后被刘国梁誉为“可以信赖”的队员，得票数首次滑落至第二，且远落后于王皓。国际乒联2008年第一期单打世界排名上，王励勤位居王皓、马琳之后，名列第三。根据规定，每个协会最多只能有两名选手能够直通北京，第三人必须参加奥运会资格赛。但小将马龙的出色表现，让王励勤的位置岌岌可危。

世乒赛成为他证明自己的最后机会。与小组赛的低迷完全不同，进入淘汰赛，王励勤仿佛换了一个人，状态出奇的好，斗志也极为旺盛，俨然成为了队中的领军人物。同韩国的决赛，他更是3∶0横扫世界第一削球手朱世赫，为男乒夺冠立下赫赫战功。赛后，王励勤接受采访时坦言，自己也没有想到比赛会那么轻松，“今天的比赛比自己之前所想的要轻松，这与自己的发挥有关。但同时也与之前王皓和马琳奠定的两分优势不无关系。所以自己想得比较少，状态也很好，完全克制了对手。”在谈到这次比赛中自己的最大收获时，王励勤坦言是与自己的奥运梦想分不开的，“通过这次比赛将自己平时训练所积攒的东西发挥出来，为以后参加奥运会奠定了基础。”

三、未来还要前行

雅典，他负于王皓；北京，他负于马琳。他总是拿自己的失败去成全他人。这让王励勤的奥运征程多了许多悲情。八年奋战，获得的是两枚单打铜牌，王励勤终于还是没能实现他心中最美的梦。对于王励勤来说，单打的这枚铜牌更多的是一份责任。“上场前我告诉自己，这是我的最后一场比赛，又是对外国选手，不输外国选手是我的第一目标。虽然这只是争夺三、四名，但我一样要全力以赴。”实际上，在夺得团体冠军后，30 岁的王励勤就创造了一项纪录，他是中国队历史上年龄最大的奥运冠军，而那枚团体金牌也让他与孔令辉、刘国梁比肩，追平了两人的奥运金牌数。

男单的“冠军荒”也还没有影响王励勤的职业规划，30 岁的他并不希望像王楠那样退役，“我会打下去！我感觉自己的体力和打法还是有潜力、有发展空间的。过去一年多，我发现了很多自身的问题，这种发现也令我相信还有提高的空间。”男队主帅刘国梁说，“王励勤能走到今天，非常不容易。我还是那句话，中国球员要成为乒坛常青树，只有你有希望。”王励勤微笑着点了点头：“我希望留在中国队的时间更长，我希望能尽量延长自己的乒乓生涯。”“刘指导（刘国梁）和孔指导（孔令辉）成绩都很好，但是他们退役太早了，我还会打下去！”

但是，前行的路仍然是不平坦的。中国男子乒乓球队在参加 2008 年 9 月底举行的世界杯的最后关头，报上了王皓和马龙两人，放弃了“世界杯之王”马琳，也放弃了王励勤，无疑是“后奥运时代”誓要锻炼新人的一个强力信号。另外，在这样新老交接的关头，还有一个情况容不得我们忽视，那就是无机胶水的横空出世将对老运动员产生巨大影响。回顾历史就会发现，国际乒联的每次改革都对中国乒坛具有一定的针对性。当年实施无遮挡发球，直接导致刘国梁挂拍退役，而2000年之后推行的大球赛制更是使得孔令辉直至退役都未能拿到一项公开赛单打冠军。可以说，中国队每次都会在国际乒联的改革之下损兵折将，这次的无机胶水可能也不例外。王励勤在这次改革中能够幸免吗？还能够保持常青的状态吗？我们只能拭目以待了。

四、生活花絮

——粘球拍。小时候的王励勤最爱做的事莫过于粘球拍了。胶刷了一遍又一遍，粘完后将球拍放在桌上，蹲下身子，眼睛眯着看平不平，一眯可以眯很久，正面粘完又粘反面。这个习惯王励勤保持至今。现在每次比赛前，王励勤都要把自己的球拍仔仔细细刷上20遍，他把这视作一个享受的过程。“把胶水刷均匀，然后把拍子放在桌面上，趴着用眼睛看是否平。不平再刷，刷完拍子刷海绵，每次训练比赛前都是这样。大家都说，我刷的拍子最好打。其实我也很喜欢刷球拍的感觉，很有成就感。”很多人都听王励勤这样说过，而眼前仿佛还能出现王励勤趴在桌子前眼睛眯成一条缝的样子。

——练球的毅力。在国家队初期，李晓东教练谈起那段时光，“成天就好像生在台子边上一样，王励勤就是练习很刻苦，大臂上有三根肌腱，他居然在比赛当中用力过猛，打断了一根。断了一根肌腱很疼，我就带着他各地求医。因为他这个比较难治，治疗的效果也不好，最后王励勤就说，今天练 15 分钟后就开始疼，我坚持，我练到 20 分钟，明天从 20 分钟练到 25 分钟，我就这么坚持练到能顶下两个半钟头或者三个钟头。”

杜婧/于洋

——羽毛球女子双打冠军

姓　　名：杜婧

身　　高：1.70m

体　　重：63kg

性　　别：女

出生日期：1984年6月23日

籍　　贯：辽宁鞍山

姓　　名：于洋

身　　高：1.65m

体　　重：70kg

性　　别：女

出生日期：1986年4月7日

籍　　贯：辽宁海城

临时搭档一战成名　　女双冠军渐露锋芒

自从1992年羽毛球项目正式进入奥运会大家庭，女子双打金牌就一直是中国队的禁脔，从未旁落。2008年北京奥运会，女双是羽毛球项目的第一块金牌，当然分外惹人关注。不料想中国队女双头号种子杨维/张洁雯在1/4决赛意外告负，令队内和全国观众赛前盼望的包揽冠亚军的局面无法实现，夺冠的重任历史性地落到了新秀杜婧/于洋身上。

杜婧/于洋是中国羽毛球女双的后起之秀，世界排名曾一度攀升到首位。本届奥运会上，杜婧/于洋先后战胜韩国组合金旼贞/河贞恩，日本组合、世锦赛季军小椋久美子/潮田玲子和队友魏轶力/张亚雯，进入决赛，表现渐入佳境。她们的决赛对手是韩国组合李孝贞/李敬元。新的奥运周期以来，李孝贞/李敬元是中国女双唯一的对手，这对组合多年来保持着稳定的状态，世界排名稳居前五。在今年的全英羽毛球公开赛上，李孝贞/李敬元连续战胜三对中国女双夺冠，半决赛和决赛分别战胜了杨维/张洁雯与杜婧/于洋。

两对组合此前共交手 9 次，杜婧/于洋五胜四负占据上风，不过双方最后一次交手就是在今年的全英羽毛球公开赛决赛，当时李孝贞/李敬元取胜夺冠，杜婧/于洋遗憾告负。所以在奥运赛场上杜婧/于洋颇有些复仇的意思。

开场后杜婧/于洋气势十足，于洋在网前几次扑杀得手，杜婧在后场调度有方，一上来中国组合就连取 2 分。不过韩国组合的防守十分稳固，抓住机会展开反击，杜婧/于洋急于进攻出现几次失误，李孝贞/李敬元趁机连续拿分以 6∶4 反超。杜婧/于洋并不慌乱，进攻打得依旧十分艰巨，连取 2 分挽回劣势。此后两对组合陷入胶着状态，比分交替上升直至 8 平。这时，李敬元意外崴脚接受场边治疗，场上形势突显变化。中国组合的攻势愈发凌厉，抓住机会猛打，趁机连续拿分，以 11∶8 进入暂停时段。

暂停后，杜婧/于洋的打法更加多样，并不一味强攻，快攻结合网前的轻调让韩国组合难以防范，处理球非常清晰，结合强有力的攻势迅速将分差拉大，她们敢打敢拼，士气高涨，每球必争，斗志昂扬。李孝贞/李敬元只能接受被动挨打的局面，杜婧/于洋以大比分领先。但坚韧的韩国组合并未放弃争夺，而杜婧/于洋急于求成，多次杀中路出局，两对选手的分差在渐渐缩小。好在杜婧/于洋及时调整状态，重新控制了局面，再度确立优势，以 21∶15 先拔头筹，赢了首局。

第二局，韩国组合重整旗鼓，展开反击，上来便连取 2 分，但可惜未能将势头延续。杜婧/于洋延续首局获胜的气势，迅速加强攻势，连拿 4 分轻松反超。韩国组合不甘示弱，顽强应战，反攻势头迅猛，杜婧/于洋此时出现了几次非受迫性失误，连丢几分，双方你来我往争夺得非常激烈。李孝贞/李敬元打得更加稳健，而杜婧/于洋的体能消耗过大，又有些急于求成，韩国组合控制住局面，以 11∶9 进入技术暂停。

比赛重新开始后，中国组合连取 2 分追成 11 平，并由此确立场上主动，攻势更加凶猛，胜势已不可扭转。李孝贞/李敬元在大比分落后，处于极度劣势的情况下，眼见翻盘无望，已经失去反击的斗志，双方分差进一步拉大，最终杜婧/于洋以 21∶13 再下一城，直落两局完胜对手，为中国羽毛球队获得本届奥运会的首枚金牌。

一、几乎重合的人生之路

杜婧、于洋相识已有 14 年，两个“假小子”人生之路几乎重合。

一同来自鞍山市郊，一同生于工人之家，一同成长于鞍山体校，杜婧与于洋相识了整整 14 年，她们走过的路如此接近。而在结对双打之后，两个“假小子”更是有一条几乎重合的人生之路。

杜婧的母亲曾经打过排球，她本来打算让女儿也打排球的。当时体育馆里有打羽毛球的，而小杜婧被妈妈带到体育馆后，一看到羽毛球就喜欢了，还经常拿个羽毛球，看别人打。“看孩子这么感兴趣，我就给她买了一个球拍。”杜妈妈说，一开始就是想让杜婧玩玩，可是小杜婧看人家训练，还主动给人捡球，后来一位老师就带着她玩。小杜婧在老师的指导下很快显示出了超常的运动天赋，越打越好，越来越厉害，一般的孩子都打不过她。一年后，许多男生已不是她的对手。有人对杜妈妈建议让小杜婧进行专业训练，说她应该会有一番成绩，于是 1993 年，杜妈妈就将杜婧送到了鞍山体校学习羽毛球。

比杜婧小两岁的于洋，小时候也是校运会上的明星。她在学校运动会上常拿各种名次，奖品从书包到笔记本不等。一次在校运会上破了学校 100 米纪录后，学校的体育老师准备把于洋送到市体校练田径。父母考虑再三，觉得田径风吹日晒的太辛苦，便拒绝了。

8 岁那年，因为妈妈喜欢打羽毛球，好动的于洋跟着妈妈去到矿山子弟小学一起玩。拿着拍子，小于洋打得还有板有眼。别人看见了，觉得小孩儿跟着这么打，倒不如到体校找专业的教练来培养试试。“要不让她去练练羽毛球?”因为自己的孩子在体校学乒乓球，于洋的阿姨给她妈妈作出了这样的提议。“她瞅我们家孩子好动，身体素质好，就给我建议说转向搞体育得了。那时候我们家孩子已经9岁了，我说干什么能赶趟呢？后来她说问一问，让体校张强教练给看了看。张教练眼力也好，一眼就看好我们家孩子了。孩子稍微岁数大一点，但可以看看各方面能不能跟上。我们家孩子一直也没耽误过，一直在张教练手里练了。”就这样，在大姨的建议下，于洋在1994年走进了鞍山市体校练起了羽毛球，跟着张强教练开始接受羽毛球训练，并在那里认识了自己现在的搭档杜婧。

二、相识9年后结对双打

鞍山体校羽毛球教练张强说：“孩子练球，其实就是在考家长。家长能否吃得起苦，决定孩子能不能练好球。”为了孩子到体校练球，两个家庭的生活重心从此改变。

杜婧从家里到体校要倒两次车，路上就要花上一个小时。当时杜婧只有9岁，训练时，父母要陪着去。晚上6点训练，可单位5点才下班，没办法，父母只能轮流请假陪着孩子。

有一次是大年初三，鞍山下暴雪导致公交不通，父亲于是陪着杜婧步行3小时到体校。

于洋也有类似经历。有一次鞍山下大暴雨，冒雨到体校训练的只有体校附近的几个孩子，家远在郊区的于洋在爸爸的陪同下却准时出现了。

张强在这两朵“小花”身上倾注了很多的精力，两人的技术水平提高得也非常快，后来张强只好让她们和男孩一起训练。也就是这样的经历，使于洋和杜婧的技战术风格留下了明显的男子打法的烙印。

1995 年，两人先后被辽宁省体校相中，1998 年同时入选国家二队，但那时两个鞍山老乡都是各打各的，从没想过会合作双打。

真正的转折出现在 2003 年，两人代表辽宁省参加全国比赛，临时搭档，竟然拿了双打冠军。国家队教练被打动了，于是，在相识 9 年后，两人才正式成了双打搭档，而且从此一发不可收。

2005 年下半年开始，杜婧/于洋在国际羽坛崭露头角，一连获得多项冠军：2006 年亚锦赛女双冠军、2006 年瑞士公开赛女双冠军、2006 年尤伯杯等，拿金牌拿得手都快软了。

三、“穿裙子打球，可别扭坏了”

许多人都称她俩为“假小子”。对这样的称谓，豪爽的东北姑娘向来都不在意。于洋笑着说：“咱们东北女孩大部分就都是这样，而且我和杜婧又大大咧咧惯了。打比赛是短裤，出门也是运动服、运动鞋，你看这次奥运会，我们照样穿短裤啊。唯一一次穿裙子打球，还是 2006 年 5 月打尤伯杯时，那真是别扭坏了，上前抢网时，那裙角和里面的短裤一个劲儿往上卷，哎呀我的妈呀，难受坏了。人说假小子就假小子吧，无所谓啦。”

杜婧喜欢看武侠片，因为她喜欢侠肝义胆的勇士；她还喜欢看赵本山的小品和东北人演的影视剧，尤其是《刘老根》、《乡村爱情》系列。凭着自己与生俱来的语言优势，杜婧迅速将剧中的台词“必须的”变成了羽毛球队的流行语。

不过，虽然在外表上男孩子气十足，但是杜婧和于洋也有着女孩子丰富细腻的内心。不论是在位于北京南二环的天坛公寓，还是外出参加国际国内比赛时，杜婧和于洋两人的屋子总是收拾得特别干净整洁。

都说女儿是妈妈的贴身小棉袄，即便是杜婧和于洋这两个“假小子”也不例外。每天训练完后回到公寓，杜婧做的第一件事就是打开电脑，看看妈妈是否在线。如果没在，她就会一个电话打过去让妈妈上线，然后跟妈妈进行视频聊天，只有这样，杜婧的心里才会特别踏实，晚上才能够安然睡去。从最早开始教妈妈打字，到后来教妈妈使用 MSN、摄像头，杜婧一直都十分耐心。

跟杜婧不同，于洋更习惯于发短信。“她通常都是发信息，每场比赛打完都会给我发个信息，告诉我赢了谁，下一场打谁。”于洋母亲说。

不过，为了能够更好地进行奥运比赛，杜婧和于洋的家人都没到现场为女儿加油，就是害怕孩子分心。说话向来充满豪气的杜婧动情地说：“爱情是否会褪色我不知道，但是亲情永远都不会，父母、老人对我付出了太多，我终归是要拿成绩回报他们的。奥运金牌就是最好的礼物。”而于洋也忘不了小时候爸爸风雨无阻送她去打球的情景：“他们为我付出了太多，我做不了什么，唯一能够做的就是拿回成绩，这样他们也就会觉得欣慰了。”

四、手术过后更加成熟

2007 年 8 月，就在出征世锦赛的前几天，杜婧被查出腹部有囊肿，队医的建议是：必须立即做手术。

“队里第一时间就通知了我和她爸爸，我们第二天就到北京了。”想起得知这个消息的那一刻，杜妈妈的脑子里一片空白，“我们到北京的那一天，孩子训练完就知道我们来了，一进到宾馆的房间里，她坐在床上就开始大哭。”2007年的8月份赶上了奥运积分赛，杜婧哭的原因不仅仅是因为马上要参加奥运积分赛，更重要的是，她腹部的囊肿有可能在场上剧烈运动时破了，就会危及到生命。“我和她爸爸也很着急，她爸挺坚强的，做母亲的又不一样了，我当时都有心替她去挨这一刀了……”说到这里，杜妈妈的眼圈泛红了。

亚运会的时候于洋头部受伤，杜婧等着于洋。这次世锦赛之前，于洋准备得挺好，杜婧意外地出现了病情。

本来手术后一个月才能慢慢恢复，可心里急得火烧火燎的杜婧手术后第二天就撑着下地了。“当时我都和孩子发火了，我说：‘奥运会参加不上就算了，你还年轻，可以等下一届，咱不能玩命啊！’”杜婧长大后，杜妈妈很少和孩子发这么大的火。杜婧的脾气也上来了，说：“作为运动员，可能一生中再也赶不上在自己的国家参加奥运会，下届我还可以参加，但在中国意义不一样！”手术后的四天，杜婧一直因为这事和妈妈赌气。

手术后，杜婧不到一个月就练上了，连队医都夸奖杜婧很了不起。“她那时才和我解释：‘妈，如果我不选择这个运动项目，可能今天已经是大学生了。我的同学都有毕业的了，当年从鞍山出去的运动员也有到日本的，当时问我说要不要也到国外去淘金，还和我说什么去日本打球待遇怎样怎样的丰厚。可我坚定说不去，我觉得国外练习的技术不行，我不能走，这么坚持就是为了2008年。”

五、妈做手术没告诉她

由于常年在外打球训练，杜婧这些年回家的时间很少。杜婧的父亲杜永富说，杜婧已经连续4年春节没有回家了。父母牵挂着女儿。而杜婧心里也一直挂念着父母。

杜妈妈说，2003年，自己由于生病而做了一个手术，害怕在外训练比赛的杜婧分心，夫妻俩没有把这事告诉孩子。那几天杜婧连续往家里打电话，但是一直没人接。当她打通父亲的手机时，父亲看着正在病床上的妻子，在电话中对着女儿说：“别担心，我和你妈妈在外边旅游呢。”

杜妈妈康复后的第二年10月杜婧回家探亲，在从沈阳回鞍山的路上。杜爸爸说出了妈妈做手术的事情，杜婧听完，一下子失声痛哭。从那之后，杜婧每次给家里打电话都告诉父母要保重身体。

杜妈妈说，杜婧这孩子非常懂事，这些年来给家里打电话，从来没有说过自己的委屈，从来都是报喜不报忧。

六、回来给她炖芸豆

奥运会决赛那天，杜家坐满了人。而从比赛开始，杜妈妈就一人躲在门外，不敢看比赛。只在比赛快要结束，女儿胜券在握时，妈妈才看了一会儿。

杜妈妈说，杜婧12岁的时候，到广西参加全国羽毛球少年大赛。当时她一路陪着看到决赛，可到决赛时，她实在非常紧张，只好一直站在场外等到比赛结束。从那之后，每次看杜婧的比赛她就很紧张。

杜妈妈说，杜婧打比赛走过了很多地方，但是孩子最喜欢吃的就是她做的炖芸豆和烧茄子，等杜婧回鞍山时，她会好好为女儿做一顿。

张　宁

——羽毛球女子单打冠军

身　　高：1.75m

体　　重：65kg

性　　别：女

出生日期：1975年5月19日

籍　　贯：辽宁沈阳

羽坛常青传奇　　北京完美卫冕

张宁，雅典奥运会羽毛球女单冠军；谢杏芳，中国女单现在的领军人物，世界排名第一。

在2008年8月16日的羽毛球女单决赛场上，这两位中国女单两代“一姐”面对面站在了球网的两边。虽然成功实现了中国羽毛球队包揽女单冠亚军的目标，但这可是当今女子羽坛的巅峰对决。如果张宁夺冠，她将成功卫冕奥运会羽毛球女单冠军；而如果谢杏芳获胜，她与林丹羽坛“神雕侠侣”的神话将更加完美，赛后两人也许将手握两块奥运会金牌步入婚姻的殿堂。可以想象，比赛将异常紧张激烈。

决赛开始了。张宁进入状态较快，并很快以5∶2取得领先。此后，求胜心切的谢杏芳连续出现多次主动失误，张宁则始终占据领先优势。随着谢杏芳杀球出界，卫冕冠军带着 11：7 的领先比分进入局间休息。

局间休息后，张宁势头不减，速度优势非常明显，而谢杏芳则连续出现底线球处理失误，最终张宁以 21：12 先下一城。

经过一局的鏖战后，谢杏芳逐渐进入状态，并开始占得主动。很快谢杏芳就取得了 5：0 的完美开局。反观 33 岁的老将张宁的体能却明显下降。谢杏芳抓住机会，反攻极为犀利，以 21：10 轻松扳回一局。

决胜局中，两人的争夺异常激烈，张宁首先占得主动，一度取得 13：6 的大比分领先。不过谢杏芳岂会示弱，她一口气连追 6 分，双方比分甚至三度持平。

赛后张宁坦言，当谢杏芳在第三局中追上来时，因为体力有些跟不上，她甚至认为自己将很难获胜了。她说："但我要做的就是一个球一个球拼。"

正是凭着这种超人的韧劲，张宁在危急时刻突然又来了精神，她抓住谢杏芳的弱点，利用高质量放网连续得分，并很快以 20：17 拿到赛点。终于，随着谢杏芳回球下网，张宁最终以 21：18 赢下了决胜局，成功卫冕奥运会女单金牌。

夺冠的瞬间，张宁跪地哭泣，然后抚着自己缠着绷带的膝盖缓缓起身，向四面看台逐一致敬。"这四年实在太不容易了，到了 2007 年，伤病就特别严重了。尤其在奥运会倒计时 100 天的时候，我的膝盖还是肿的。"

4 年前在雅典，当时 29 岁大器晚成的张宁夺得女单金牌，"高龄"选手夺冠本身已是一个奇迹。谁能想到，4 年后在北京奥运会，张宁能够再次上演同样感人的老骥伏枥的奇迹。

为了这一刻的到来，张宁付出了太多，仅在本届奥运会，她便三次流下了热泪：1/4决赛惊险击败皮红艳，赛后她激动地哭了，为比赛的艰难，更为离梦想更近了一步；半决赛击败印尼黑马尤莉安蒂顺利晋级，她又流下了兴奋的热泪，因为她看到，期待已久的梦想就在眼前；在奥运会最高领奖台上洒下的则是她在本届奥运会上的第三次泪水，而这也是最幸福的泪水。

2008年9月1日，笔者吴京辉与张宁在香港访问时留影

一、童年练上羽毛球

虽然巨大成功背后曾经是一份沉重与暗淡的等待，然而张宁对于最初走进羽毛球世界的记忆却是十分甜蜜的。

张宁说："我的爸爸和妈妈都是很普通的人，一家人经济并不宽裕，过着简单平实的日子。爸妈都不是干体育的，也没有太多的运动细胞，但我却从小喜欢体育。"

张宁十来岁的时候，爸爸有一次买了一副羽毛球拍，赶上夏天的晚上带张宁去玩。那时候羽毛球拍还是木头制的，没想到张宁一拿到球拍就不愿意撒手了，而且在爸爸没有时间的时候会自己找小朋友去"切磋"，就是这样一种无心插柳的心态，张宁和羽毛球结下了不解之缘。

在一次学校的比赛中，张宁良好的球感和对于羽毛球执著的眼神感染了一个后来改变她命运的人，那就是锦州市体校的杜志新教练。当时杜教练的第一感觉是张宁虽然个子不高，但是骨子里有一股专注劲儿。随后杜教练就把张宁带到了自己的队里，开始了半专业的训练。

不过练了一个假期后，张宁的母亲就让张宁放弃。因为妈妈有腰脱的毛病，照顾弟弟的任务就落到了张宁稚嫩的肩膀上，她得背着小弟上学。无奈之下，懂事的张宁依依不舍地告别了羽毛球，承担起了照顾弟弟的责任。

第二年开春，弟弟已经能够自己照顾自己了，但是没有了负担的张宁还没等重新拿起羽毛球拍，就因为个子高，被排球队教练挑了去。结果，听到风声的杜教练不顾排球队教练的面子，硬生生的把张宁又"换"了回去。张宁说："当时，体校排球队和羽毛球队在一起训练，有天，羽毛球队的教练突然看见我在排球队训练，他一下就不干了，连忙找排球队教练要人。起初，排球队教练不同意把我还给羽毛球队教练，后来羽毛球队教练说他手上还有一个比我个高的队员，可以拿她跟换，排球队教练这才同意。他们这么一交换，我就回到了羽毛球队，又开始打起羽毛球来了。”

回到羽毛球队，才练了两个多月，张宁就拿到了全省少儿羽毛球比赛的第四名，同时被招入到了省队，那一年，她才 12 岁。进入辽宁省队之后，张宁成绩突飞猛进，很快就被国家队选中了。

二、遭遇挫折重新奋起

1994 年，张宁虽年仅 19 岁，但上佳的身体条件和不俗的攻击力，使她在同龄选手中脱颖而出，并在好手如云的国家队中找到了自己的位置。

当年 5 月，张宁随中国女队参加了第 15 届尤伯杯赛。那届比赛，依仗王莲香、菲娜蒂等新人的崛起，印尼选手替代了正处于新老交替之际的韩国队，成为中国队的最大对手。正如赛前人们所预料的那样，中印两队最终在决赛场上狭路相逢。

赛前，国内外媒体一致认为，印尼队虽占有天时地利人和的优势，但欲阻挡兵强马壮的中国女队实现“六连冠”霸业，恐怕为时尚早。然而，这场比赛并没有呈现出一边倒的局面，中国和印尼两队杀得天昏地暗。前四盘双方战成 2∶2 平。第五盘，中国队派出了新星张宁，而印尼队则遣出了名不见经传的 15 岁小将张海丽。

三局战罢，结果令人大跌眼镜，张海丽以 2∶1 力挫名气和实力高于自己的张宁，帮助印尼队在时隔 19 年后重新高举起尤伯杯，而中国女队则丢掉了保存达 10 年之久的冠军奖杯。通过这一战，张海丽一夜之间成为印尼妇孺皆知的英雄，而张宁却被国内的一些媒体和球迷扣上“罪人”的帽子。

巨大的压力和挫折使张宁的自信心大减，她心理不稳定，从此步入了一段漫长的低潮期。两年后的第16届尤伯杯，大红大紫的张海丽和队友再次击败中国队，蝉联冠军。此时的张宁，却已从中国队的主力阵容中消失了。

1996年奥运会之前，张宁回家探亲。在归队的当天她遇到了以前省队的几个队友，大伙一起出去吃了一顿饭，结果比原定归队时间晚了10分钟。

这10分钟不要紧，直接导致了张宁停赛三个月，因而遗憾地无缘后来的大奖赛、总决赛和亚特兰大奥运会。

通过自身的不懈努力，张宁逐渐从寂寞和失意中走了出来。1998年，她夺得全英公开赛亚军，虽然这一战绩仍未使她跻身于当年尤伯杯赛阵容之中，但张宁并未泄气，她在“同龄人”叶钊颖、韩晶娜、戴韫、龚智超和王晨之间的夹缝中顽强地生存着，默默地拼搏着，时刻为新的腾飞创造条件。1999年初，张宁在国际羽联大奖赛总决赛中笑到了最后，夺得了自己羽坛生涯的第一个世界级重大比赛金牌。

然而，命运似乎并不眷顾她，翌年她第二次与心仪已久的奥运会失之交臂。那时，她已25岁。

三、两块奥运金牌得之不易

悉尼奥运会后，张宁的同龄人叶钊颖、戴韫退役，师妹龚智超也在一年后淡出羽坛。顽强坚韧的张宁却没有随大流，她依然留在国家队，和小她五六岁的周蜜、龚睿娜、谢杏芳等新一代国手一起在训练场上摸爬滚打。

到了2002年，已经27岁的张宁认定自己没有什么机会了，向教练李永波提出退役，不过李永波认定张宁还有机会达到最高峰。

那时距离雅典奥运会还有不到两年的时间。李永波对张宁说："你如果相信我，就再跟我练两年，只要你努力，我保证带你去奥运会，咱们一起努力拿个奥运冠军！就这么窝囊地退役，我都替你不值！"

在李永波的鼓励之下，张宁义无反顾地投入了训练。功夫不负有心人，在和这拨师妹的激烈竞争中，已接近而立之年的张宁的心理素质逐渐增强，技战术水平也不断上升，她不仅没有处于下风，反而开始脱颖而出。2002年整个赛季，张宁是中国女单四大花旦中成绩最佳、最为抢眼的一个，这位八年前的新星重新成为人们的关注焦点。2003年世锦赛，张宁一路走来，过关斩将，技压群芳，终于夺得了自己梦寐以求的单打世界冠军，无可争议地拿到了雅典奥运会的入场券。

2004年雅典奥运会决赛，张宁最后勇夺女单冠军。当张宁将拍子抛向天空，去拥抱教练李永波的时候，她泪流满面。经过艰苦的努力和漫长的等待，她终于得到了自己应该获得的一切。

雅典奥运会之后，本可以功成身退的张宁却因为对羽毛球运动的热爱，毅然坚持着继续练了下来。为了北京奥运会这百年一遇的机会，已经过了30岁的她甚至推迟了婚期，克服着满身的伤病，刻苦训练，一直保持着状态。2008年8月16日，张宁终于圆梦北京，这位33岁的老将创造了羽坛的不老传奇！

四、家贫出孝子

张宁的家庭条件并不好，但是俗话说“家贫出孝子”，张宁从小就特别懂事，她对于家人的惦记非常让人感动。

小时候张宁在市体校训练，一个星期去两次，妈妈和爸爸每次给她 2 元钱。有一次，母亲生病了，得知消息的张宁没命似的就从体校一路跑到医院，汗流浃背地拿着 1 块 8 一瓶的果汁露，怯怯地递到了妈妈的跟前，妈妈惊奇地问：“你哪来的钱买这么贵的果汁露？”张宁说：“妈，你给我的两块钱我没花！”看到女儿如此节省又如此孝顺，张宁的妈妈当时就哭了。

张宁不光孝顺父母，对自己的弟弟也是呵护备至。有时候自己实在太馋了，张宁就一咬牙拿出一毛钱买袋山楂片，不过自己只吃一小片，剩下的小心翼翼地包起来，等到回家的时候赶紧拿出来给弟弟吃。弟弟很多时候都问：“姐，你咋不吃啊？”张宁总是说：“姐怕酸，你吃。”

有这样的好姐姐，张宁的弟弟到现在都总是骄傲地说：“我的姐姐是世界上最好的！”

林　丹

——羽毛球男子单打冠军

身　　高：1.78m

体　　重：72kg

性　　别：男

出生日期：1983 年 10 月 14 日

籍　　贯：福建龙岩

技高人帅渐成熟　敢爱敢拼真性情

2008 年 8 月 23 日，北京奥运会的羽毛球项目进入最后一个比赛日，男单决赛成为压轴之战。决战的双方是中国的林丹和马来西亚的李宗伟，世界第一对阵世界第二。这是在奥运会历史上以前从未出现的前两号种子会师决赛。两人的实力难分伯仲，而且奥运会是一个会发生任何事情的赛场，谁也无法判断获胜的是谁。

林丹，一直期望用奥运冠军为自己正名；李宗伟，被认为最有希望为马来西亚赢得第一枚奥运金牌。两个人对金牌都有着无限渴望，但赛前却不约而同的低调，对夺冠避而不谈。林丹说自己没有考虑过冠军，过程对自己更重要；李宗伟则表示进入决赛已经完成任务。重压之下，他们用这样的方式减轻压力。

走进赛场的时候，两人脸上都没有任何表情。第一个回合，双方在多拍中试探对方，也是彼此气势的较量，林丹赢下这一分。这一个回合也决定了整场比赛的胜负格局。21∶12，21∶8，林丹以意想不到的悬殊比分结束了比赛。

一、精彩五球的回顾

第一球：冲破厚盾。在第一局，林丹开局7∶1占得主动，在13∶8领先后的一个回合，被动的李宗伟表现得极为顽强，两次防住林丹的后场重杀。但林丹耐心十足，在随后的网前球争夺中丝毫不落于下风，他抓住机会轻吊李宗伟的后场，回防中的李宗伟勉强背身反拍回了一拍。这时已到网前的林丹，抓住机会漂亮的重杀一拍，赢下了极为精彩的一分。士气受到压制的李宗伟，随后出现了两次回球下网，林丹趁机将优势拉大到15∶8。

第二球：故伎重演。第一局后半段，林丹以20∶11率先拿到局点，在压底线出界送出对手一分后，超级丹在下一个回合抓住了机会，在网前反拍勾了两个对角。李宗伟依靠他出众的跑动能力，两次防起了来球，但回球质量已经下降得比较明显。早已推进到前排的林丹抓住机会，轻松的一拍结束了第一局的战斗。

第三球：摧毁对手信心。第二局开局，林丹势头不减，很快取得6∶0的领先优势。在随后的一个回合，林丹在后场突然拉吊对角，几乎失去重心的李宗伟艰难地防起了来球。林丹随即吊了李宗伟一把网前，刚才还在地上挣扎的李宗伟，将他顽强的作风展现得淋漓尽致，及时拍马杀到，接起来了来球，但却被网前的林丹守了个正着，趁着李宗伟还在地上挣扎的时候，漂亮的重杀再次得手，一下子将优势拉大到7：0。此球过后，被动挨打的李宗伟彻底丧失了信心。

第四球：终极一球。在第二局林丹将优势扩大到8：1后的一个回合，两人争夺得极为激烈。在这个多达十多拍的回合中，两人将羽毛球世界第一和第二的实力展现得淋漓尽致。在多拍拉吊过程中，林丹抓住机会腾空而出，漂亮的头顶点杀，杀球直奔李宗伟半场的死角。李宗伟这位二号种子，依靠自身的出色跑动能力和防守功底，顽强地防起了这次绝杀。但网前的林丹，早已做好了准备，漂亮的封网再次得手，将刚刚得到一分的李宗伟再次推向了失败的深渊。

第五球：锁定胜利。第二局最后时刻，林丹利用惯用

2008年8月31日，笔者吴京辉与林丹在赴澳门的船上

的套路，强力的头顶劈杀李宗伟半场的对角，接李宗伟质量不高的回球封网再次得手后，以20∶8拿到了局点。林丹得分后不由自主地大声呐喊，他知道，他仅差一分就将完成自己的梦想！在随后的回合中，气势不减的超级丹，抓住机会腾空而起，李宗伟的回球最终挂网了，人也摔在了地上。而林丹兴奋地双膝跪倒，就以这样无比完美的方式打赢了这场天王对决！

赛前，这场颇受关注的比赛被看作"巅峰对决"，但这样的比分让人质疑是否配得上"巅峰"的称号。"李宗伟怎么了?"赛后每个人都是同样的问题。甚至李宗伟身后的教练米斯本，在比赛的最后也只能是绝望的表情。马来西亚的记者说，李宗伟的压力很大，他没能像赛前所说的那样释放所有的压力，最终，他还是被压垮了。

备受国人喜爱的林丹身材高大，举手投足都带着一种"酷"劲儿，打起球来霸气十足。他是怎样走上羽毛球这条道路的呢?

二、打球只因太调皮

1983年10月14日，林丹在龙岩上杭这座曾经出过很多将军的小城出生。取名"丹"字也是父亲借用陕北革命将领刘志丹之名，母亲高秀玉在怀孕的时候便想好了，无论男女都起名叫"林丹"。

林丹的家庭再普通不过，父亲林建新是个汽车司机，母亲高秀玉是医药公司职工，都是普通工人。从小林丹便很好动，还在上小学的时候，林丹突然对爸爸的机械手表产生兴趣。那个时候他还不到十岁，居然偷偷将爸爸的手表给拆开，自己研究过后又重新组装上。“他那个时候真聪明，自己居然就能把它装上。”“聪明”是林丹妈妈形容林丹童年用得最多的词。

一次吃晚饭前，爸爸给了他 5 毛钱叫他买豆腐，结果林丹一时贪嘴买了冰淇淋。“他爸爸狠狠训了他。”林妈妈回忆说，“他当时很听话，一口都没吃就把冰淇淋全扔了。其实他从小这么懂事跟他爸爸的教育分不开。”

或许是因为名字里的“丹”字，妈妈很喜欢给小林丹留长头发，有时还会抹上红脸蛋，拿他当女孩子养。

林丹搞体育的原因很简单，父母喜欢运动是其一；还有就是他太调皮，需要到运动队去“锻炼锻炼”。小时候的林丹非常好动，妈妈为了让他静下来，曾狠心花了两百块钱给他买过一台“卡西欧”电子琴。但他每天只是在键盘上动动手指头，坐不了多久就站起来乱逛；没弹两天，好动的林丹早已没了耐心。一个星期后，他死活不再弹琴了，电子琴便被请上家里的大衣柜上，从此再没碰过。拿林丹没有办法，妈妈开始琢磨其他方法，最后决定带他去打羽毛球。

林丹喜欢去球场，他喜欢跟着爱玩乒乓球的爸爸和爱打篮球的妈妈，他喜欢蹦蹦跳跳去捡飞出场外的球。但是当他第一次看到正在接受业余羽毛球训练的小朋友时，他就再也走不开了。

三、12 岁只身离家从军

为了给好动的孩子找一个释放精力的机会，父母把他送进了业余培训班。那一年林丹只有 5 岁。林丹天生就是属于羽毛球的。虽然是业余班，虽然是里面最小的一个，但他在训练中却从来没有松懈过。很多家长因为心疼孩子选择了放弃，但是林丹受了多大的苦，从来没有跟家里说过。

1991年，省羽毛球队张青松教练到上杭选拔羽毛球后备人才，他看中了林丹。林建新夫妇没有同意。过了一年，9岁的林丹学会了骑自行车，生活也能自理了，父母便决定送孩子到省少体校。

当时在省体校林丹年龄最小，个子又不高，但是很快通过自己的努力成为了其中的佼佼者。同期训练的孩子家长看到教练总夸林丹，便责怪自己的孩子不努力。但是教练给出的回答令家长们都很无奈："不是你们的孩子不努力，是林丹太出色了。"

但因为个子矮，省体工大队到体校选苗子，林丹还是落选了。直到1995年下半年，已经被省队刷过几遍的林丹最终被八一体工大队南京军区羽毛球基地看中。而当时看中他的教练正是高露江。

直到今天，这样的画面一直留在高指导的记忆里：一个又瘦又小，而且是左手握拍的小孩在场上跳来跳去。而他的每一个动作，都在传达着同一个信息，那就是"天赋"。

"八一队招队员限制很多，我们只能到地方体校去选拔。而到了地方队，八一队也先等省队挑完。"在回忆那段经历时，高指导感慨不已。就这样，身高只有一米五几的林丹被招进了八一队，12岁只身来到福州，成了一名"军人"。

四、输球又哭鼻子又不吃饭

说起来谁也不会相信，刚刚进入八一队时的林丹比起别的孩子来说是那么不起眼。因为年龄小、个子低，部队里统一下发的服装永远都是垮在身上，裤子腰带扣都系不上，谁见了都会笑他。林丹的部队生活就这样开始了。

“林丹天生就是个打球的料，打球训练就是他最大的乐趣。”这是高露江对林丹的评价。刚到部队时，林丹很淘气，有的时候不跟教练请假就私自出门买东西。但是，队里从来不会担心管不住这个孩子。别的孩子不训练都觉得很开心，但是林丹却恰恰相反，只要罚他不让他训练，他就会觉得难受。不过别看林丹现在血性十足，当时在部队里还会因为输球而哭鼻子。“他从小就争强好胜，小时候因为输球哭鼻子掉眼泪，还不吃饭。”

1997 年七运会归来，部队决定带林丹这批孩子去福建南日岛的边防岛体验部队生活。而这一个月的体验才让林丹知道了军人真正的生活。临出发前，小伙子们还准备了大包小包的吃的，结果被教练给骂了一顿，“你们都以为是来享受的啊?!”

结果孩子们什么都没带来到那个岛上。每天早起要站军姿、出操还要站岗，所有军人的日常生活林丹都一一体验了。当时正是长身体的时候，但是部队里的伙食却很难满足他们的要求，有的时候一片肉大家还会抢。

一次跟连长班长吃饭，林丹看见盘子里有几条小咸鱼，眼疾手快马上夹了两条放在碗里，结果被班长教育了一通。从此他学会了“看菜吃饭”的道理，就是菜不好吃，就多吃饭。因为洗不上热水澡，整整三个星期才洗了一次冷水澡。

一个月下来，当高露江到岛上去看他们时，发现孩子们一个个都变高了。高露江看在眼里，乐在心上。“军队就是一个大熔炉、大学校，能一下子让人变得很坚强。林丹他们也是从那个时候才真正理解了军人的意义。”从那之后，这一个月岛上的生活时常被林丹提起。显然，这是他青少年成长生涯中最难忘的一段回忆。

五、因为淘气被国青队除名

1998年林丹去成都参加全国少年比赛，在最后决赛中胜出夺得冠军。赛后在全队的庆功宴上林丹和一个伙伴比赛吃辣椒，结果却遭到惨败，还吃出了急性肠胃炎，最后动了手术才治好。

之后林丹进入了国家青年队，但是一直以来都没有什么身体优势的他在这里感受到了落差。林丹小时候个头不高，生性淘气，即便进了中青集训队，他的淘气任性也没怎么改变，教练也都偏爱身高臂长又非常听话的鲍春来。1999年，林丹好不容易获得一次到缅甸参加亚洲青年锦标赛的机会，但那次的比赛，当时还兼任混双的他精神面貌很不好，拼劲全无。再加上因为年纪小，在队里很淘气，回来后青年队对他做了处罚，将他除名下放回八一队。这成为了林丹成长中最大的一次打击。经过了这次的教训之后，林丹发生了很大变化，从训练到比赛都比从前更加认真。

“当时就是想，从6岁开始练球，确实很辛苦，已经付出了很多。一天不吃饭可以，一天不打球真的难受。自己这么喜欢羽毛球，没有必要因为这样的打击而放弃。就是不停告诉自己说我还想打下去，我还要打下去，害怕会不会回不了青年队。很多人在这一环没处理好，就从青年队退下来了。”

回到八一队，林丹曾经一度失去信心。因为当时从省队进入国家队的人员并不多，一旦被送回来，就很难有机会再回去了。不过，对于羽毛球天生的热爱还是让他振作起来了。

一次英国青年队来福州访问，在跟八一队的比赛中，林丹奋力拼下三局，直到抽筋都没有放弃。不久之后，在厦门举行的一次国际邀请赛上，林丹赢了国家一队的郭建华，获得亚军。这一切都被国家队的教练看在眼里。他又重新回到了国青队，虽然只是代训，但却给了林丹很大的鼓励。在之后的中国公开赛上，他虽然无缘八强，但是在与丹麦选手的比赛中，他顽强的精神再次征服了国家队的教练，林丹也成为了国青队正式的一员。2000 年，林丹再战亚青赛，这次他拿下了男单和团体冠军，由此进入了国家队，走上了成功的快速路，也邂逅了情侣谢杏芳。

六、林丹和谢杏芳的爱情：羽坛“神雕侠侣”

林丹来自福建龙岩，从小进入解放军运动大队。谢杏芳的老家在广州，1998 年入选国家羽毛球青年队。2000 年悉尼奥运会后，中国羽毛球队进行调整，17 岁的林丹和 19 岁的谢杏芳同时进入国家一队。

林丹身高 1.78 米，外表俊朗，球风凶悍，一头爆炸式的头发使他显得有些另类。凭借威力巨大的前场高吊和后场劈杀，他迅速在一队站稳脚跟，被认为是未来中国羽坛的领军人物。在国家体育总局训练局大院里，不少女运动员都暗恋林丹，成千上万的女球迷更是给他写来热辣辣的求爱信。心高气傲的林丹却公开表示："不拿世界冠军，我决不谈恋爱！"

与林丹一样，聪明勤奋的谢杏芳也很快脱颖而出，她与张宁、龚睿娜和周蜜一起被称为中国女队的"四朵金花"，而她是最小也是最漂亮的一朵"小花"。

一见倾心

2002年羽毛球队一次混合训练，教练将林丹和谢杏芳分在一组。林丹和谢杏芳隔网相望，一下子就被对方独特优雅的气质迷住了。谢杏芳身材高挑，皮肤白皙，笑起来脸上露出两湾浅浅的酒窝，特别是她柔情似水的大眼睛好像会说话。林丹一下子方寸大乱，他的心动了："羽毛球队竟然藏着这么一位仙女般的姑娘，我以前怎么就没发现呢？"

在那次实战对抗中，林丹竟然以0∶2输给了谢杏芳！一旁的教练气得直骂："你连个女队员都打不过，还想当什么世界冠军？"林丹没有辩解，他知道自己被丘比特之箭射中了。

回到宿舍，林丹魂不守舍。同屋的队友鲍春来知道他的心事后打趣道："你比人家矮一截，'视觉'条件都不够，人家怎么能看上你？"见林丹是来真的，鲍春来便向他建议："你要是不好意思，我来当这个媒婆怎样？"林丹马上犯了倔脾气："是我爱她，你帮什么忙？我要主动向她表白！"

“超级丹”霸气示爱：我没有6尺高，我却会待你好！

此后，林丹便经常主动找谢杏芳练球。谢杏芳很快就看出了端倪，她问林丹：“你们男队那么多队友，为什么总找我练呀？”林丹的脸红了：“我和男队友之间有合作更有竞争，我想练点绝活，不想让他们知道，所以才找你的。”谢杏芳戳穿他的谎言：“你那些绝活，怎么连我都打不过呢？”说完转身就要走。林丹急了，一把拉住谢杏芳的手说：“我其实不单是为了练球，更是为了和你呆在一起……”

谢杏芳羞得脸颊绯红，她马上把手从林丹的手中抽出来。在她看来，林丹比自己还矮，年龄又比自己小两岁，如果谈恋爱，外界的压力也太大了！她认真地对林丹说：“谢谢你喜欢我，但我们俩不合适。况且我们什么成绩也没有，哪有时间谈恋爱呀！”

林丹是一个要强的人，认准的事从不放弃。第二天训练时，林丹又要求与谢杏芳分在一组。在劈杀高球训练时，林丹每扣一个球，他都要大声高喊：“谢杏芳！谢杏芳！”弄得队友们都惊奇地看着他，谢杏芳生气地警告林丹：“你再喊，我就不陪你练了！”没想到林丹“变本加厉”，他继续高喊：“小芳，我爱你！”在大家目瞪口呆的注视下，谢杏芳难堪极了，她委屈地把球拍一甩，哭着跑出了训练馆……

从那以后，谢杏芳总故意躲着林丹。然而，多年的运动经历告诉林丹：坚持就是胜利。

谢杏芳身体偏瘦，上肢力量不足，这对羽毛球女运动员来说是致命弱点。为了让谢杏芳“长胖”，林丹煞费苦心。每次在食堂吃饭，林丹总是挑一大盘高热量高脂肪的菜肴让谢杏芳吃，其他女队员看到后“嫉妒”地问林丹：“你把好东西都给小芳吃，我们吃什么呀?”林丹笑着说：“你们在赛场上总欺负小芳，我早就看不过去了。等小芳吃胖了，就能打败你们了!”谢杏芳被他的话一下子给逗乐了，她的内心也渐渐发生了变化。

一天，羽毛球队又进行男女对抗赛，比赛结束已经晚上6点多了。谢杏芳正准备和队友回去，只见林丹远远地走了过来，说给她写了一封信，让她看看。谢杏芳连连摆手说：“我不看我不看。”林丹的倔劲上来了：“那我就念给你听!”

谢杏芳对他的这种霸道哭笑不得，她对林丹说：“我要找的可是那种高高大大的白马王子。”林丹一本正经地对她说：“我虽然没有六尺高，我却会待你好!”

谢杏芳知道，林丹是认真的，她终于被打动了。成功“俘获”小芳后，林丹还必须通过教练这一关。中国羽毛球队总教练李永波起初并不同意“丹芳恋”，他找林丹谈话：“谢杏芳将来能成大器，你和她谈恋爱，影响人家前途怎么办?”林丹拍着胸脯说：“教练你放心，我谈恋爱肯定不会影响训练和比赛。我除了自己拿世界冠军之外，还保证帮助小芳拿世界冠军!”

面对这个“狂傲”的小将，李永波将信将疑，却不忍心棒打鸳鸯。

林丹和谢杏芳上进心都很强，他们约定，低调处理感情，不能让感情成为事业发展的障碍。正是基于心中共同的目标和对彼此的深爱，林丹和谢杏芳的球技突飞猛进，林丹一跃而成为世界排名第一，谢杏芳也跃居世界排名第五。

2004年5月中旬，两年一届的汤姆斯杯和尤伯杯羽毛球团体赛在印尼雅加达举行。当中国夺回了阔别12年之久的汤姆斯杯那一刻，林丹忘情地偷吻了一下谢杏芳。没想到这个镜头竟然通过电视转播了，铁证如山之下，两人也只好默认并公开了他们的恋情。

奥运会后暂不结婚

奥运结束后，有许多奥运冠军着急结婚的；也有不着急的，羽坛的“神雕侠侣”林丹和谢杏芳就不着急。这对外媒眼中的“中国的小贝和辣妹”已相恋4年，他们的结合是所有人的期待。但谢杏芳在接受采访时表示，林丹和她都还要打比赛，暂时没考虑结婚的事。李永波也表示，“林丹还年轻，正处于运动生涯的黄金年龄。4年后的伦敦，他也没有满30岁。说他们奥运会后结婚都是传闻。”李永波还表示，虽然谢杏芳伤病较多，打不了下届奥运会，但她至少会打完2010年亚运会后才退役。比赛任务重，想结婚估计都没时间。

本来林丹和谢杏芳打算在北京奥运会上双双夺金的，但谢杏芳不敌张宁多少给他们留下了小小遗憾。还好，林丹早就想好了安慰伴侣的礼物——一辆跑车，而且林丹早就已经想好了要给她买一辆什么车，“谢杏芳之前看中了一辆奥迪TT跑车，我觉得挺不错的，挺适合她。”

林丹和谢杏芳暂时不结婚，球迷挺失望，但可能最失望的会是谢杏芳的父亲。他此前曾表示，奥运会结束之后，“神雕侠侣”应该会考虑结婚的事情。

吴静钰

——跆拳道女子 49 公斤以下级冠军

身　　高：1.66m

体　　重：47kg

性　　别：女

出生日期：1987 年 2 月 1 日

籍　　贯：江西景德镇

“静”若处子　动如“钰”兔

2008 年 8 月 20 日晚，吴静钰在北京奥运会跆拳道女子 49 公斤级决赛中一举战胜泰国的贝德蓬，夺得冠军，为中国军团再添一金。这是中国代表团在第 29 届奥运会上荣获的第 45 块金牌。

一、笑得纯真打得凶

从 8 月 20 日上午的 1/8 预赛开始，吴静钰就表现出在女子 49 公斤级跆拳道项目上的强劲实力。她首战肯尼亚的阿兰戈就以 7：0 获胜，次战瑞典的萨奇更是以 8：0 的绝对优势胜出。

吴静钰最大的对手是在半决赛中相遇的来自中国宝岛台湾的杨淑君。在 2008 年 4 月份的亚锦赛上，吴静钰曾输给杨淑君，获得银牌。但在 2008 年 8 月 20 日的半决赛中，杨淑君未能顶住吴静钰的凌厉攻势，以 1∶4 的比分被挡在冠军争夺战之外。

可以说，击败杨淑君后，吴静钰已经没有太大的压力。决赛中，面对泰国小将贝德蓬，她打得坚定，充满信心。

贝德蓬是本次奥运会跆拳道比赛最大的“黑马”，自从 2006 年获得世青赛冠军后，她就没有再参加过国际大赛，这次一出现就杀进了决赛，不可小觑。但在吴静钰面前，一切强敌都是“纸老虎”。

鞠躬行礼时还谦卑有礼的吴静钰一上场就把对手蹬出了赛台，随后连续两次将对方踢倒，率先踢中对手拿下 1 分。面对吴静钰的强大进攻压力，实力相差悬殊的贝德蓬只能不断地躲闪，甚至直接抱住吴静钰拖延时间，结果因消极被罚了 1 分，最后双方比分定格在了 1∶－1。虽然没能像前几轮比赛中那样以大比分获胜，但吴静钰在跆拳道女子 49 公斤级这个项目上已经没有任何对手。

纯真的笑容，奋力的吼叫，犀利的进攻，这是吴静钰的三大标签。她说，自己就是喜欢进攻。怪不得整场比赛，对手在她的压迫下，很少形成有效击打。

吴静钰的这枚金牌，是中国跆拳道队夺得的第 4 枚奥运金牌，同时也是中国跆拳道队在奥运会小级别比赛中获得的首枚金牌。这枚金牌改变了中国跆拳道女队一直以来只能在大级别比赛中争夺奖牌的局面。

这枚金牌同时也让娇小玲珑的吴静钰成为包揽亚运会、世锦赛和奥运会冠军的跆拳道大满贯选手。美玉如斯也！

二、"陪练"从奶奶开始

吴静钰是一个漂亮、甜美的姑娘，是一个头脑清醒、思维敏捷、口才出众的姑娘，也是一个私底下斯文秀气、但在比赛中却展现了惊人的爆发力和决心的姑娘。如果不是亲眼看了她的比赛，谁也难以相信这么美貌的小姑娘，出腿竟然会如此之快、之狠。柔美与冷峻，在吴静钰的身上得到了令人匪夷所思的完美结合。

2008 年 9 月 1 日，笔者吴京辉与吴静钰（右三）等在澳门一宴会厅

赛场内外的吴静钰几乎可以说是两个不同的人。"更多的是这项运动吧！还有，其实我自己的性格就这样。"吴静钰坦言自己是"综合因素"造就。

吴静钰小时候就特别淘，放学回家从来不从门进家，都是翻墙进去。上学如果走路的话，需要 45 分钟，但是跑步的话只要 15 分钟足够。所以她一般不爱走，总是跑着去。

吴静钰小时候父母都在外打工，她是跟着奶奶长大的。奶奶比静钰大整整 60 岁，今年 81 岁了。因为跟着奶奶的时间比较多，以至于别人都管她叫“奶奶的小尾巴”。

当时吴静钰的家庭条件并不好，都是奶奶给她做吃的。吴静钰比较爱吃野菜，还有一些特别一点的，可能城里人都没有吃过的那种西瓜皮、冬瓜皮、南瓜皮，在静钰看来，这些东西炒出来其实味道很美很美。她自己评价说：“我走路不爱走平常路，吃菜也不爱吃平常的菜。”虽然过得清苦，但吴静钰依然很怀念儿时的生活。“我觉得很幸福，现在回想起来都很幸福，因为每天我都会很开心。当你觉得很开心的时候，那些也不叫磨炼。”

夺冠后，吴静钰讲起了她小时候踢奶奶的故事。吴静钰 12 岁刚开始训练的时候，奶奶虽然知道跆拳道，但她不太知道具体的是什么意思，更不知道孙女每天在练习些什么。不过因为祖孙俩天天睡一块，奶奶就开始挨踢了。因为启蒙晚，练的量很大，再加上正是长身体、蹿个头的年纪，吴静钰白天练习踢腿，晚上做梦也踢腿，大概还是连踢带踹的。挤在一张床上睡觉的奶奶就稀里糊涂地做了“陪练”，后来奶奶就告诉吴静钰，“以后别跟我睡了。”

跆拳道运动陪练很多。为了让吴静钰提高成绩，她的陪练都是男子。除了奶奶之外，这些男孩子可没少挨踢。陪她练了十年的刘康就是其中最突出的一个。

刘康比吴静钰小 1 岁。他们在吴静钰 12 岁刚开始学跆拳道时就认识了，因为原本在同一个体校训练，师出同门的他们经常互为陪练。吴静钰入选国家队后，一时找不到合适的陪练，因此国家队找到了刘康，最后他就与师姐一起开始了备战奥运。每次比赛结束后，刘康都会细心地帮她收拾手套、护具和毛巾。场上的陪练，在生活中是个保姆，更是个开心果，经常把吴静钰逗得前仰后合。

刘康自己的跆拳道水平也很高，但是为了吴静钰他毅然放弃了自己的理想。一天一天挨踢，无数次挨踢，这就是他的工作。但这个才 20 岁的小伙子一点都不后悔，“能陪着她一直走到今天我很高兴。等她实现了自己的奥运梦，我也要去为我的将来打拼了。”北京奥运会，是吴静钰圆梦的地方，也是刘康梦开始的地方。

拳击、跆拳道、柔道、摔跤，这些面对面、对抗性强的运动的训练时都离不开陪练。其实每一个冠军背后都有很多无名英雄。在备战奥运会的那段时间，吴静钰身边有很多很多的陪练，他们都是一些无私奉献的人。“最后拿冠军的是我，他们没有名，但是这段时间一路上都是他们陪我走过来的。”对这些曾经帮助过她的人，吴静钰非常感激，一一记在心中。“有很多很多。刘康、雷杰、张华、石教练、张强、赵洋、李赛男，还有很多很多，谢谢你们，真的感谢你们。”吴静钰感激地说。

三、陪伴静钰一路走来的三个男人

一个成功男人的背后，一定有一个女人。那么一个成功的女人背后呢？可能会有无数个男人。

2008 年 8 月 20 日下午，当被誉为“神腿”、“无影脚”的吴静钰成功夺得奥运金牌，高举五星红旗奔驰在赛场时，那些站在她背后的人们一样在享受胜利的喜悦，陪伴她一路走来的三个男人一定会绽放出幸福的微笑。

龚循谦：慧眼识“钰”的伯乐

1999年，12岁的吴静钰还是个才1.40米的小个儿，但却在一次全区中小学生运动会中取得了100米比赛的第二名和200米比赛的第一名。

龚循谦当时和另3名教练到学校去挑苗子，一眼就看中了吴静钰的身体素质和机灵劲儿。此外，他无意中发现吴静钰的脚掌非常大。对跆拳道选手来说，这是非常有利的条件，因为脚掌宽大意味着击打范围大。仅仅经过半年的训练后，吴静钰就夺得了江西省青少年跆拳道锦标赛冠军。

王志杰：不离不弃的教练

仅有1.4米的身高给12岁的吴静钰惹来了不少争议和质疑，是否要裁减她成了每次大赛前的议题。

2000年，吴静钰在江西省的一次比赛上得到第五名，时任江西省重竞技运动管理中心跆拳道队教练的王志杰看好她在比赛中“无所畏惧一个劲儿地踹”，破例将她带入省队，并在之后的一段时间坚持将吴静钰留在身边。“这个孩子眼里有杀气，一定会成才!”

吴静钰非常争气，她把每天的训练都当成生死之战，疯狂地进攻，雨点儿般地击打，这后来成为了她的主要风格。2001年，首次参加全国锦标赛的吴静钰顽强搏杀，奋勇夺冠。直到这时，关于她身高的非议才算停止。

2002年，吴静钰自费参赛，在全国青少年跆拳道锦标赛上获得46公斤级冠军，之后又连续称雄第五届城运会和全国成年赛，在国内声名远扬。正是因为有王志杰当年不惜顶撞领导的坚持，吴静钰才走到了今天。

但是，在取得了一系列出色战绩之后，等待吴静钰的却是三年无缘国内赛场的尴尬。

2003年，在备受冷落之后终于爆发的吴静钰欲与王志杰一道转投江苏队。这一举动引发了江西和江苏长达三年的拉锯战，导致她连续三年缺席国内赛事。

直到2006年10月的全国冠军赛，国家体育总局跆拳道部特批吴静钰以国家队队员身份参赛，她才得以回到阔别三年的国内赛场，她的职业生涯才幸免于无疾而终的尴尬。

吴静钰入选国家队后，2006年，王志杰被国家队聘请成为了吴静钰的专职教练。

赵磊：爱才的“贵人”

吴静钰在国内赛事上的优秀表现，引起了时任国家体育总局重竞技运动管理中心跆拳道部部长赵磊的注意。爱才的赵磊力排众议，为吴静钰破例多次，大开绿灯，她才能以非国家队队员的身份代表中国参加国际比赛。入选国家青年队，并以国家队队员身份参加全国比赛，最终依靠过人的实力挤掉2004年雅典奥运卫冕冠军罗薇获得北京奥运会参赛资格，并在奥运会上轻松将跆拳道女子49公斤级金牌收入囊中。

四、为还父债　狂打比赛

1987年2月1日，吴静钰出生在江西省景德镇市吕蒙乡古城村姚家咀自然村。

12岁以前，吴静钰只是一个普通的农村小丫头，整天无忧无虑，跟同村的男孩子疯玩。夏天知了长鸣的中午，她总是不睡午觉，而是跟小伙伴们一起去爬树、下地，抓知了、挖泥鳅。

2002 年底，父亲跟人合伙做农资生意，不料竟遭对方卷款出逃，留下了一堆债务。作为法人代表，父亲每天被追债的经销商围堵，无奈之下，只好离家躲债，打工还钱。吴静钰当时觉得天一下就塌了。

为了给女儿筹集学费，母亲陆华英去景德镇市广场的“方顺瓷行”做瓷器包装工。她每天早上 6 点起床，为重病卧床的婆婆做好一天的饭菜，然后骑一个小时的自行车赶到工厂，做着包装一件瓷器赚几分钱的工作。

当时吴静钰已经进入江西省队训练，母亲的坚强极大地感染了她，她意识到，自己只有练出名堂才有可能减轻母亲的负担，才有可能改变家庭的命运。从那时起，她把每场大赛都当作生死之战来打。

2006 年 12 月 8 日，吴静钰夺得多哈亚运会冠军，获得了一笔冠军奖金。她把这笔钱全部用来给父亲还债了。从此，父亲再也不用为债务而东躲西藏了。

五、“拍电影挺枯燥，我更喜欢跆拳道”

在跆拳道赛场上名声大振的吴静钰，最初出名竟然是因为拍电影。但 6 年前那次触电，并没有让她成为家喻户晓的明星，而是让她更加珍爱自己练习跆拳道的机会。

赛场上的吴静钰酷爱进攻，腿踢功夫出神入化，有“无影脚”之美誉；尤其是腾空连击动作，优美中蕴含巨大的杀伤力。

2002 年 11 月，吴静钰前往上海参加青少年跆拳道锦标赛。比赛前一天，《跆拳道》剧组来训练馆物色演员，《跆拳道》讲述的是陶红饰演的刘立和吴迪饰演的杨卉这对好朋友，从跆拳道爱好者一步步变成为国争光的跆拳道运动员的成长励志故事。面容清秀又暗藏杀气的吴静钰一眼就被导演看中。

半个月后，在南昌训练的吴静钰接到导演的电话，剧组决定由她来扮演电影《跆拳道》里的“少年刘立”。

谈起自己第一次站在电影镜头前的感觉时，吴静钰曾深有感触地说：“完全不像在跆拳场上那样游刃有余”。半天的拍摄，让吴静钰改变了最初对演员风光、好玩、幸福的认知。6天后，吴静钰又重回江西南昌，开始了跆拳道训练。

“拍电影挺枯燥的，一个镜头来回地拍。”但对于平时训练中更为机械的重复训练动作，她却全然不觉。“相比娱乐圈，我更喜欢跆拳道这个圈子，感觉接触的人都特别真诚，待人友善。跆拳道这个项目讲究很多礼节，对提高选手的自我修养，也有很大帮助。”

六、生活中的趣闻

每晚听着佛曲睡觉

吴静钰心理压力大的时候，都会跟妈妈聊天。世锦赛结束那天晚上，她给妈妈打了快两个小时的电话，告诉妈妈说自己拿了冠军。电话里的妈妈没有特别兴奋，只是“哦”了一声。后来妈妈到苏州看她时，专门带着她去寺庙烧香拜佛，还从商贩那里买了很多小乌龟放生，然后还特地送给静钰一盘佛曲。母亲的多少心意和祝愿都寄托在了佛曲中。母女连心，现在吴静钰每天晚上都听着佛曲睡觉，她说这样她心里真的能感到平静。

身藏绝活画瓷器

吴静钰出生在瓷都江西景德镇。地灵人杰，加之其叔叔又是瓷工，因此她除了擅长跆拳道外，还多才多艺，从小就会画瓷器。这门手艺在国家队可是独一无二的。没事儿的时候，静钰会在画纸上画瓷器的胚体。除了画一些图案，有时她还会在瓷器上写下一些名言警句，留下自己的名字；如果要送人的话，还会写下祝福的话。都弄好了以后，她会挑最漂亮的让叔叔烧出来，送给好多人。夺冠后的吴静钰笑着说："不知道他们是不是还留着，如果扔了就可惜了，以后可是要升值的啊！呵呵！"

何雯娜

——蹦床女子冠军

身　　高：1.60m

体　　重：48kg

性　　别：女

出生日期：1989 年 1 月 19 日

籍　　贯：福建龙岩

客家美女　一蹦成名

2008 年 8 月 18 日 21 时，在国家体育馆结束的奥运女子蹦床决赛中，19 岁的中国小将何雯娜以 37.80 分为中国蹦床队夺得宝贵的一枚金牌。这是中国在蹦床项目上取得的历史性突破，中国蹦床项目的第一个奥运冠军就此产生。从那一刻起，“何雯娜”这三个字响彻祖国大地，真可谓“一蹦成名”。

有多少人曾经幻想自己是鸟儿，可以自由自在地在空中飞翔；有多少人曾经羡慕着蹦床运动员的完美姿态，希望自己也可以那样美丽而轻巧。而今天，中国记住了一个婉约的名字——何雯娜。这个羞涩的姑娘，用自己轻灵的动作和完美的空中姿势，为中国奥运代表团拿下了第 38 枚金牌。

这不是一场轻松的比赛，由于最大夺冠热门黄珊汕的意外出局，决赛的形势一下子不明朗起来。而第一次参加奥运会的小将何雯娜，却有着初出茅庐的信心和胆量。虽然动作难度并不大，但是凭借自己出色的空中姿态和稳定性，最后一个出场的她用漂亮的动作征服了裁判和观众。站上最高领奖台的她笑得那样甜，那金牌是对她完美表现的最好奖赏。

19 岁的福建妹子夺冠后举起国旗再次爬上了蹦床，一蹦一蹦地向场上观众致意，鲜艳的国旗在手中如同一团跳跃的火焰。

“我觉得特别荣幸，这枚金牌拿得太重了。对于我来说，争这枚金牌不是特别有把握，因为我毕竟是小将，拿到这枚金牌太荣幸了。”走下领奖台的何雯娜激动地表示。

师姐黄珊汕对这名“师妹”评价说，“她是一个发挥型的运动员，平常训练可能不会特别好，但一到大赛就会有出人意料的表现。”

一、她把最美的姿态展现给了世界

何雯娜动作特别舒展和优雅，一次次美妙的翻转，一个个精妙的飞翔，在体育馆的舞台上如天使下凡，似在天边，又宛若人间。随着观众的一声声喝彩，何雯娜在力与美的空间中驰骋，在轻盈与柔美间变幻。只见她轻巧的点了一下蹦床又一次一跃而起，随后在空中做出了三个精彩的动作，有翻身，有旋转，有侧翻。她动作规范，对于力道和时间拿捏得恰到好处。在落下的那一瞬间，时间似乎凝固，人们记住的只有何雯娜灿烂的笑脸。

这个美丽的客家女孩在预赛中就以总分第一杀入决赛，而在决赛中她再次把自己的优势发挥得淋漓尽致。尽管是第一次参加奥运会的小将，却丝毫不怯场，面对强敌环伺，何雯娜一套动作几近完美。当她稳稳地站定在蹦床之上时，全场欢声雷动。

2008 年 8 月 31 日，笔者吴京辉与何雯娜在赴澳门途中

已拿到奥运金牌的何雯娜还是很谦虚，“我觉得特别荣幸。看到我们的团队为我加油，这对我来说是一种莫大的鼓励。”

蹦床上的何雯娜活力四射，青春逼人，但在下场后，她弯下腰去抚摸着自己的膝盖，原来金牌是用小姑娘的忍耐换来。“上下楼梯都还有点疼，但比赛的时候，只要我不去想，就不觉得疼了。再说了，就算疼也要忍啊！”何雯娜笑起来的时候特别漂亮。

赛前两周多，何雯娜在比赛中左膝受了伤，训练停了三天，影响了系统训练。夺冠后，何雯娜接过国旗想在场上飞奔，最后却只能一跛一跛的。那是伤口在疼。

何雯娜的教练胡星刚说，雯娜是比赛型选手，最大的优势是性格开朗。别看她训练水准不突出，但到了大赛总是能给人惊喜。她也是中国所有队员中空中姿态最为美妙的队员，弹跳出色、冲击力十足的她有着从容的时间做自己想做的动作，这样往往能挣足裁判的印象分。

再次获得奥运会女子蹦床银牌、来自加拿大的科伯恩，对何雯娜的夺冠没有什么异议，“她做得确实很完美。动作漂亮是中国选手的一贯特色。”

二、稳字当先成获胜关键

何雯娜夺金还得益于中国蹦床对动作难度与动作完成质量间关系的正确认识。中国蹦床队在本届奥运比赛中给人印象最深的就是一个“稳”字。这点从教练组到队员都得到了很好的贯彻，在有难度保证的前提下，高质量地完成了成套动作，稳定的发挥使得他们笑到了最后。

蹦床与竞技体操的评分有相同之处，也是难度分加上动作完成分为最后总分。但与竞技体操不同的是，蹦床的动作完成分是计算3个有效分的总分而并非平均分。也就是说，蹦床的总分是3个动作完成分加上1个动作难度分构成，难度分在总分中的比例远低于动作完成分。

因此，运动员在比赛中稳定发挥更多决定着胜负的走向。认识到这一点之后，蹦床队更注重在提高队员的动作完成分上下工夫。何雯娜从预赛到决赛，都没有选择超高难度的动作，难度分从来都没有排在第一位，但是在完成上一直处于最前。

“由于全部动作都要连续完成，不能有偏差，一旦出现失误，根本就没有挽回的余地。因此，在蹦床运动中，运动员的心理稳定是取得好成绩的首要条件。”何雯娜表示，“自己保持心理稳定的关键就是无欲无求，就当作是一次训练，不能想着这是奥运会。”

而正是因为有了这样的良好心态，大赛经验并不算丰富的何雯娜才能够在北京奥运会给大家送来惊喜，书写了中国蹦床新的篇章。

三、龙岩又诞生了一位奥运冠军

何雯娜的家在福建龙岩市新罗区东城街道。18 日 19 时许，街坊邻居、亲朋好友一百多人就赶到了何雯娜家中，带来了鲜花、水果、鞭炮，为何雯娜加油助威。父亲何龙说：“这是何雯娜第一次参加奥运会比赛，希望她能顶住压力，战胜自我，把最好的状态发挥出来。”

20 时 20 分，蹦床决赛开始，八十多岁的曾外婆、爷爷奶奶、父母亲坐在客厅最前面，紧盯着电视屏幕。何雯娜最后一个出场时，大家都紧张地屏住了呼吸。看到女儿完美地完成了高难度动作，何龙欣慰地笑了。

看到女儿夺冠，母亲赖秀红激动地流出了眼泪，“何雯娜 6 岁开始练体操，7 岁就离家到福州开始艰苦的训练、比赛生涯，这些年来难得有几次在家过年。苦练 13 年后拿到金牌，真为她感到高兴。”

何雯娜夺冠后，新罗区街道鞭炮声此起彼伏。继 8 月

11 日张湘祥夺得男子举重冠军后，新罗区又诞生了一位奥运冠军。市民李树发说："他们是新罗区人民的骄傲，奥运会后，两位奥运冠军将回家，我们会表达最热烈的欢迎。"

四、客家妹爱上飞

儿时太瘦练体操

1995 年 6 月的一天，龙岩少年体校的曹家红教练在一次偶然的机会发现当时年仅 6 岁的何雯娜柔韧性好，身体条件非常适合练习体操，就让她回去征求家长的意见。何雯娜那时还不懂体校是什么，但她的父母得知女儿被体校教练相中的消息后高兴不已。因为何雯娜小时候不爱吃饭，父母一直担心她身体不够强壮，而去体校通过训练可以使她多吃饭，可以强身健体，上了体校还能进当地的重点学校，就痛快地答应了。

为成功改练蹦床

体操训练非常枯燥，日复一日的压腿、弯腰，让很多女孩子都退缩了。但看起来娇柔可爱的何雯娜骨子里却有一股客家人特有的坚强。没多久，何雯娜被选入福建省体工队开始主攻体操，从此走上了专业之路。

让人放弃的不是苦和累，而是付出后看不到成功的希望。国内练体操的人很多，出成绩也比较难。逐渐懂事的何雯娜开始思考自己的命运：既然体操不容易出成绩，那就做个改变。于是，她将主攻方向转为了两人技巧。1998 年，搭档受伤，正好赶上队里组建蹦床队，9 岁的何雯娜毫不犹豫地将专项改成了蹦床。其实早在练技巧的时候，何雯娜就喜欢上了蹦床，因为这可以帮她减轻体重。"没事喜欢去蹦床蹦，蹦两个小时，减下两斤。”

爱上飞翔的感觉

从某种意义上来说，蹦床就是把体操动作搬到了蹦床上。多年在体操训练场上挥汗如雨，小雯娜积累了很好的基础。一下子，她就爱上了那种想飞的感觉。由于喜欢蹦床，加上悟性高，短短一年时间，何雯娜就在2000年全国青少年蹦床比赛上拿了第二名，并在2002年蹦进了国家队。

从初练蹦床到进入国家队，4年的训练经历绝不轻松。新鲜劲过后，在日复一日的枯燥而又艰苦的训练中，何雯娜知道了自己的新“职业”一点儿都不比体操好玩。平时训练很辛苦，体力消耗非常大，还必须减肥，她觉得有点吃不消了。

2000年，蹦床成为奥运会正式项目，给了何雯娜巨大的动力，她的心里开始燃起了一个关于奥运的梦想。

曾因“早恋”做逃兵

进入国家队的何雯娜前程似锦，正当人们对她充满期待时，她却从国家队“逃跑”了。

2004年8月，中国蹦床队即将出访澳洲。临走前10天，何雯娜忽然“人间蒸发”，不见了踪影。原来，小妮子恋爱了，而且爱得坚决、投入，她竟然将自己在队里所有的行李打好包，寄回了福建，而自己却跟着男朋友回了对方的老家。遍寻不见人的国家队和省队都炸了锅。

半个月后，何雯娜自己回到了省队。但是，国家队不要她了，她也不想练了。

爱才的省队教练不愿意看到一棵好苗子就此毁掉，他们想尽办法鼓励何雯娜继续坚持训练，甚至动员了她的男朋友打电话帮忙做何雯娜的思想工作。

十个月后，何雯娜与黄珊汕等队员一起登上了十运会蹦床女子团体冠军的领奖台。其后，在众多领导和教练的关心和支持下，2007 年 7 月何雯娜重返国家队。

二进国家队的何雯娜，“早恋”已经过去，她也变得懂事了，她专心训练，比以前更刻苦认真了。很快，她与黄珊汕等队友一起努力，以出色的表现在加拿大举行的世锦赛夺得了女子团体冠军，她自己也在单人比赛上获得第 4 名。

化妆、照镜子减压

身处奥运赛场的何雯娜，有着自己的减压秘诀。方法竟是“照镜子”和化妆，“我走哪儿照哪儿，拿着东西我也能照，在飞机上、长途汽车上我拿着镜子也在照。”教练胡星刚说：“化妆一个是可以转移注意力，紧张的心情可以缓解一下；另外给自己一个好的形象，让自己有一个好的心态。”

五、美女不进娱乐圈

夺得奥运冠军后，娇美俏丽的何雯娜的形象随着电视转播走进了千家万户，受到了数以万计的网友的吹捧。这已经影响到了何雯娜原来平静的生活。

何雯娜在个人日志中写道，在夺得了女子蹦床决赛的冠军后，原本默默无名的她霎时成为了媒体和观众的焦点。虽然能为国争光令她感到非常骄傲和自豪，然而保持良好的心态是取得好成绩所必不可少的，因此她更希望大家能还她一个平淡和安静的运动员生活。“希望大家能够支持我，鼓励我，让我的运动生涯走得平淡些。拿了冠军是国家的荣誉，而我只是打了胜仗的小士兵，并非什么大将军。”何雯娜更希望得到的是大家对她默默的支持和鼓励。

“能超越对手我不担心，我不放在心上；比我强的对手我也不担心，因为我根本就超越不了。我只要做好我自己就行了，就是胜利。”何雯娜说。

这个可爱的80后女孩在个人博客中坦白平时最喜欢听音乐、看电视、逛街；在福州比较喜欢逛东街口，到那里淘东西、衣服、饰物什么的。对于大家说她很美，她腼腆地笑着说：“那都是大家说的。自己最美的时候应该是登上领奖台的瞬间吧。”

夺冠后的何雯娜需要面对一大堆的八卦问题。曾有记者问：“如果有影视公司找你拍电视或者电影，你会去拍吗？”何雯娜在网上发表了一篇名为《感谢我的朋友们》的文章，说：“我只是一名普通的运动员，我要做的就只是为国争光。娱乐的事不是我需要考虑的范围。希望朋友们能给我一个安静的训练环境和安静的生活。”

如果我们说柔道冠军佟文是一个爱唱歌、爱绒毛玩具、爱绣十字绣的“邻家女孩”的话，那么看了何雯娜的博客后，我们会感觉何雯娜就是我们走在大街上、商场里、车站内随时与自己擦肩而过的清纯少女。

六、可爱乖女孩

嘴巴甜吃鱼免费

何雯娜小时候很乖，很有礼貌，见到认识的人都会问好，嘴巴特别甜，非常讨人喜欢。小雯娜常常跟着妈妈去菜市场买菜，遇到卖菜卖鱼的都会“阿姨好，阿姨好”地叫。有位卖鱼的商贩特别喜欢雯娜，觉得雯娜嘴巴好甜，一见到雯娜就将鱼免费相送，倒让家人很不好意思，后来妈妈每次买菜只好绕路走。

曾经也想当画家

其实，小时候的何雯娜特别喜欢画画。当时龙岩实验幼儿园的老师特别希望雯娜将来能学美术。妈妈说，小雯娜每天晚上一定要画一张图画才去睡觉；如果没有体操和蹦床，她也许会成为一名艺术青年。

何雯娜最爱画猫，尤其是伸懒腰把背拱起来的那种，画得还很像。妈妈常常打趣说她画的是“驼背猫”。妈妈后来发现，何雯娜的性格像极了她小时候爱画的猫——乖巧、慵懒，骨子里又有些独立和倔强。

在走上体育之路后，心灵手巧的何雯娜虽然不画画了，但也没有忘记自己心中那些属于女孩子的美丽。她爱绣十字绣，这是她训练之余放松自己的主要方式。

赛后上学去

何雯娜已成为天津科大08级经济管理学院公共事业管理专业大一新生，在天津开始全新的教体结合的学习、训练生活。

“告诉自己，我是最爱哭的。告诉自己，我是最爱笑的。告诉自己，我是最幸运的。告诉自己，我是最放松的。告诉自己，我只是一名小将。告诉自己，我只是重在参与。告诉自己，所有发生的一切并没有什么。”这是何雯娜QQ空间里置顶的话语。

19岁，这个美丽爱笑的客家女孩儿还很年轻，她的未来不可限量。今天的金牌，必将是她的新起点，使她在将来向着天空，向着自己的梦想，越飞越高，越飞越远。

陆春龙

——蹦床男子冠军

身　　高：1.68m

体　　重：55kg

性　　别：男

出生日期：1989 年 4 月 8 日

籍　　贯：江苏江阴

春龙腾飞　　空中衔金

北京，2008 年 8 月 19 日，在国家体育馆结束的奥运男子蹦床个人决赛中，我国 19 岁的年轻选手陆春龙发挥出色，以 41.00 的高分获得金牌，为中国军团添得第 42 金。这是中国选手获得的蹦床项目第一块男子奥运金牌。加拿大选手伯内特和中国选手董栋分列二、三位。

一、青春男儿敢问鼎

名不见经传的陆春龙获得了冠军，看似一黑马，但又是意料之外，情理之中的事。其实，早在 2007 年世锦赛上他就有出色表现，但由于名额所限，同样具备了争夺金牌实力的他未能参加决赛。我们再来看看陆春龙近年来的成绩吧：

2005 年十运会个人冠军；

2006 年世界杯荷兰站个人第三名，亚运会个人亚军；

2007 年世锦赛个人资格赛第四名；

2007 年世界杯波兰站、俄罗斯站个人冠军，中国站亚军，加拿大站、美国站第七名；

2008 年世界杯日本站个人冠军。

这十年陆春龙在腾飞！

“我属于中国第一批蹦床运动员，基本功比较扎实，所以才能有今天这样的成绩。”对于自己稳定的发挥，陆春龙轻描淡写地一语带过。

陆春龙问鼎靠的是实力。

二、爱拼才能创奇迹

奥运会开始前，体操运动管理中心官员认为，从动作的难、高、稳、准、美、新等众多方面衡量，中国蹦床队已经进入了世界一流的行列，只不过实力还需要一枚金牌来证明，才算得上完美。

19 日的决赛紧张刺激。跟陆春龙一起冲击这块金牌的，是中国的另一名选手董栋。董栋在陆春龙前面出场时，陆春龙紧张得没敢看他比赛。解说员把董栋的分数报出来了：加拿大选手的分数超过了董栋！这意味着夺取金牌的任务全都压到了小将陆春龙的肩上。陆春龙感到比较意外，也感到了压力。他知道中国蹦床女队夺得了冠军，觉得男队也不能落后。他告诉自己：拼了！

由于紧张，陆春龙的前两个动作还有些僵硬，“腾空的时候我就在想，不能再有差错了，我必须把后面的动作做

2008 年 8 月 29 日，笔者吴京辉与陆春龙在香港会展中心

得无懈可击!”陆春龙也的确做到了。

像一只轻盈的小鹿一样，我们的小陆高高跳跃在蹦床上，无瑕疵的动作，绝妙的转体，每一次落地再跃起，都是一个新的高度新的难度。很感谢小陆用第二枚蹦床金牌再次吸引了观众的目光，吸引了不熟悉不了解蹦床运动的人关注这个项目。

陆春龙不负众望，在蹦床上的他活像一条生猛的蛟龙，弹跳充分，高度惊人。在垂直的 10 个动作中，陆春龙不断增加高度，身姿也舒展。在旋转动作上，陆春龙同样发挥完美，动作质量高、规格高，发挥稳定。随着稳稳的落地，小伙子举起双臂，握拳挥舞。场馆内的观众喜不自禁，高呼不已，就连对手们也为他的表现折服，为他献上祝贺的掌声。当现场的大屏幕上打出 41.00 分的高分时，全场沸腾了!

陆春龙的父亲陆建平在电视机前激动地说："好样的，儿子！"

北京真是个创造神奇的地方，本届奥运会有太多的突破和奇迹发生，更多的都出现在了中国人的身上。

"我是个比较幸运的人，因为我付出了也得到了回报。我们还有很多蹦床运动员，他们为这项运动做着默默无闻的工作，其实大家更应该感谢他们。"

继何雯娜在女子蹦床比赛中为中国夺得首枚奥运会蹦床金牌后，19 岁小将陆春龙凭借着高难度和零失误，拿到了男子蹦床比赛的冠军。两枚蹦床金牌给中国奥运代表团带来了惊喜，也标志着中国蹦床队真正成为了世界强队，这个意义远远要比金牌本身更加重要。

三、"抢"来的参赛资格

陆春龙其实算不上新人。在十运会的时候，他就获得了蹦床项目的全国冠军。但是，人们谈起男子蹦床，能说出的名字似乎只有叶帅。殊不知，就是这个陆春龙"抢"走了被誉为"蹦床新人王"的叶帅的奥运资格。

"陆春龙入选奥运阵容还有些曲折。他在去年的世锦赛里只得到了预赛第四名的成绩，在中国选手里位居第三，失去了参加个人决赛的资格。"教练胡星刚说，世锦赛是争抢奥运会入场券的重要比赛，陆春龙的那次失手几乎让他跟奥运会擦肩而过。好在中国蹦床队确定参赛名额不是根据一场比赛的得失，在今年的 7 站选拔赛里，陆春龙几乎战无不胜，全部夺取冠军。凭借这种后发制人的气势，陆春龙最终惊险地搭上了奥运末班车。

谈到被自己“挤”出奥运阵容的队友叶帅，陆春龙也百感交集：“我最想把这块金牌跟我的兄弟们分享。国外的队伍通常只有一两名优秀选手，但我们4个人的水平都很高。可以说，在平时训练里，我们都是较着劲的，因此我的水平提高很快。我想说的是，虽然我们之间有竞争，但我们永远是好兄弟！”

据国家队教练介绍，陆春龙能击败叶帅的关键，就是他的动作难度系数高。目前陆春龙整套动作难度系数已经达到16.2，比叶帅高出0.1分，这一分数在国际上也处于领先地位。2008年以来，在国内外各类比赛中，陆春龙多次使用这个难度系数，且从未失手，在世界杯蹦床赛西班牙站中41.00分的成绩，也是近年来蹦床比赛中罕见的高分。

同时陆春龙表现稳定，先是2005年十运会冠军，后是2006年多哈亚运会亚军。尤其是进入2008年，陆春龙更是少有起伏。2008年5月，在上海举行的全国蹦床锦标赛暨北京奥运会选拔赛中，陆春龙凭借出色的表现夺冠，他的竞争对手叶帅只获得季军。而世界杯蹦床赛波兰站、日本站、瑞士站和西班牙站的四连冠，更成为陆春龙最终跻身奥运的重要砝码。

尽管进入奥运门槛有些曲折，但陆春龙在决赛里的表现却无可争议。

四、江阴终于有了冠军

“江阴总算出了个奥运冠军，今晚是我们的节日，小陆是我们江阴人的骄傲！”2008年8月19日夜晚，江阴沸腾了。带着家乡人民和13亿中国同胞的祝福，江阴小将陆春龙在奥运蹦床上越飞越高，最终摘得了位居顶端的奥运金牌。这也是江阴人在奥运会上获得的首枚金牌。喜讯传出后，江阴市委、市政府连夜致电陆春龙的家人表示祝贺。

这块金牌早就在家乡人民的意料之中。当天19时不到，陆春龙的家乡南闸镇，六十多人组成的亲友团和三百多人组成的助威团早早在夜幕下兴奋地等待着。陆春龙的爷爷陆裕兴说："龙龙一直以来就是各项大赛的冠军，在前两天的预赛中他也是第一，只要发挥正常，奥运金牌就是龙龙的！"

为方便群众集体观看陆春龙的比赛，南闸镇政府特意在镇文化广场上安装了大屏幕电视。比赛开始之前，镇政府大院里已经安放好了庆祝陆春龙夺冠的礼花。

分数出来的那一刻，现场数百名家乡父老沸腾了，震天的礼花冲向了夜空，很多人纷纷拿出电话将这个喜讯到处传播。"陆春龙，好样的！""真不愧是咱江阴人！"陆裕兴笑得合不拢嘴："龙龙好样的，这次光宗耀祖了！"

陆春龙是从常州走出去的选手。这块金牌不仅是中国奥运男子蹦床的首金，更是常州史上第一块奥运金牌。陆春龙的启蒙教练洪澄海说："春龙只要正常发挥就能夺冠，所以他能拿到金牌也在情理之中，我很开心。"陆春龙收获金牌，在电视机前观看比赛的常州少儿体校的小朋友们很兴奋，孩子们希望将来也能像陆春龙哥哥一样站在奥运会的领奖台上。

陆春龙的启蒙教练洪澄海说，陆春龙4岁那年被选中，从幼儿园进入技巧队训练。5岁时被常州体校选中练体操，在一起入选的 20 个孩子中，陆春龙出成绩最快，当年就获得了江苏省第 13 届运动会少儿男子体操鞍马亚军。小小年纪面对大赛，陆春龙常常比其他孩子更从容，颇有大将风范。陆春龙今天比赛表现相当稳定，从始至终脸上都挂着笑容。

五、体操技巧转蹦床

陆春龙 1989 年出生在江阴南闸观西村，由于父母长期在常州打工，为了生活起居方便，1994 年 5 岁的陆春龙告别了家乡的爷爷奶奶随父母迁入常州市区。也就是在这一年，陆春龙遇到了前往幼儿园选材的启蒙教练、当时的常州市少年体校教练洪澄江。“那时候他长相清秀、脑子灵活，我是一眼就看中了。”洪澄江回忆往事依旧会不由自主地感叹。

陆春龙透露，5 岁的时候出过一次车祸，腿受伤了，住了八个月的医院，身体一直都比较虚弱。到幼儿园的时候，刚好有体校的教练过来选材，他当时也比较调皮，就被教练看上了。于是教练找到陆春龙爸爸希望他可以让儿子练体操。由于陆春龙刚受过伤，需要锻炼，爸爸最终作出了决定，把他送到体校去，以锻炼身体。

当时，国内还没有蹦床这个项目，在陆春龙已经到了江苏省的技巧队练了十个月以后，国家决定发展蹦床这个项目。陆春龙的爆发力不错，技巧队的教练觉得可能会比较适合练蹦床，便把他召去了蹦床队。

“我们练体操、练技巧的时候，经常会玩到蹦床，觉得这个比较好玩，一说让我去练蹦床，比较开心。”陆春龙说。

正因为有体操的底子，陆春龙在转行蹦床之后比起与他同一批的队员水平提升得要快，连陆春龙自己都说曾经的体操生涯让自己受益匪浅。

他还透露了一个放松的秘诀——吹口哨，“在空中做的时候，在呼吸的过程中，用这种方式边做边给自己鼓劲”。

一路努力训练的陆春龙，也有自己的偶像。他透露：“体育明星中比较喜欢刘翔，因为他的性格很开朗，面对事情总是往好的一方面想。”

六、科研成就“撒手锏”

中国蹦床能在短短 10 年内从一无所有到拿到奥运会冠军，说明了我国蹦床科研的手段是适合中国特色的。

业内人士李东健说，中国科学院研发了三维人体运动仿真系统，运动员的全套动作被做成了三维模拟人图像，这样，教练就可以通过计算机，对运动员的身前、身后，空中、地上的任何一个细微动作进行放大、观察，技术运动分析结果一目了然，完全可以弥补肉眼观察的不足，并且训练完马上可以作技术分析。目前，这套系统已经与其他几种技术分析软件一起，根据蹦床队的训练要求，被进一步研发出更加适合中国运动员训练的专用集合软件。运动员训练的空中和网上动作，都做到了现场反馈，并在训练课后进行技术分析，对提高运动员的技术能力有很大帮助。

2003 年左右的时候，搞科研的就李东健一个人，后来越来越多，分工越来越细，现在有 19 个人，其中有一些是国内的科研方面顶级专家，如果技术人员有问题，可以随时向他们咨询。

国家蹦床队的科研实力走在了前列，这也成为他们在奥运会上创造奇迹的“撒手锏”。

七、10年赶上40年

本届奥运会开赛前，蹦床项目就成为中国体育代表团的一个潜在夺金点。蹦床项目在中国的发展不过10年时间，而在欧洲已经有40年的历史，但是中国蹦床却用10年的时间追赶上了人家40年的发展速度。

中国是从1998年开始钻研蹦床运动的，在此前后，一些体操、技巧项目的教练员和运动员纷纷转行，使中国蹦床队有了一个很好的人员储备基础，其中很多人都有世界冠军的经历，因此从一开始我们在这个项目上就具备了世界级的水准。蹦床直到2000年才正式成为奥运会的比赛项目，前两届奥运会的男子个人赛冠军都几乎毫无悬念地被独联体选手夺走。悉尼奥运会上，俄罗斯老将莫斯卡伦克轻松折桂；而在雅典，来自乌克兰的尼基金则在最后时刻上演大逆转，扳倒了莫斯卡伦克。虽然中国在雅典奥运会上也派出一位男选手参赛，但无奈成绩不尽人意，与奖牌无缘。

不过，四年后的今天，强大的中国蹦床队已经不可同日而语。比赛中最后一名出场的小将陆春龙就是中国蹦床队中一名实力强劲的后起之秀。仅有19岁的陆春龙今年的状态更是可圈可点，年初连续获得四站世界杯冠军的纪录，让中国蹦床队看到了奥运冲金的希望。

如果从1998年我国正式开展蹦床运动算起，这一项目在中国的开展也不过短短的十年时间。然而，令人欣慰的是，中国蹦床选手已经完成了一次漂亮的突破——从2000

年奥运会的无人参赛，到2004年雅典奥运会黄珊汕勇夺铜牌，再到2008年北京奥运会的两金一铜。应该说，中国蹦床队称得上十年磨剑锋刃满。

八、最美的笑在最后

究竟是什么，让陆春龙在众多好手中笑到了最后？

教练胡星刚说，他靠的是“高、飘、轻”的动作。但陆春龙自己却说，他凭借的是信心。信心是必须的，是参加比赛的前提。在女队取得了历史突破后，他就对自己说：“我们男队怎么能落后？”不甘人后的陆春龙表示，他有这个自信将金牌收入囊中。然而，看多了赛场上“越渴望越失望”的意外，陆春龙学会了淡然处之：“我小时候练过体操和技巧，从一开始，我的目标就是夺得奥运冠军。但是，金牌不是说拿就拿的，金牌也不是唯一重要的事情。对我来说，好好享受奥运会的气氛比什么都重要。”听到如此成熟内敛的话，人们几乎忘记了——陆春龙只有19岁，未来，他还有无限可能。

胡星刚相信，蹦床今后会在中国开展得更好，会有很多人一开始就选择从事蹦床运动。这样，蹦床的后备人才会成长得更快。

在赛后的新闻发布会上，陆春龙动情地说：“今天的这块金牌，我最想与我的几个队友叶帅、董栋、涂潇他们分享。我们四个人的水平都非常高，都是齐头并进的，有时甚至在国际大赛上包揽前四名。正是有这样水平接近的竞争队友，我们的成绩才会保持一个高的水准。我们在场上是竞争对手，场下是兄弟！”

王　娇

——摔跤女子自由式72公斤级冠军

身　　高：1.77m

体　　重：72kg

性　　别：女

出生日期：1988年1月20日

籍　　贯：辽宁省沈阳市

跤王者，王娇也

王娇，20岁，有着东北姑娘典型的性格，豪爽，颇具男儿气。王娇从小身高就比同龄人高出一头，体能充沛，喜欢各种体育运动，跑跳投样样都是同龄人中的佼佼者。更难得的是她自信心十足，从体质、气质来说，她都出类拔萃。

2008年8月18日，王娇在北京奥运会勇夺女子自由式摔跤72公斤级金牌。这是中国代表团夺取的第30枚金牌，也是中国摔跤队夺取的第一枚北京奥运会摔跤金牌。

香港凤凰卫视有一位评论员这样说："王娇，这名字起得好。王娇，倒过来念就是娇王，谐音就是'跤王'，即摔跤之王，谁能和她对抗？"

一、两王谁来冲金

中国摔跤队有两位72公斤级的摔跤王，一个叫王旭，一个叫王娇。

王旭是中国摔跤队的资深运动员，曾在2004年雅典奥运会上为中国摔跤队夺取唯一一枚摔跤金牌。王旭经验非常丰富，但为伤病所困。

而王娇呢，身高1.77米，具备强健的身体素质，积极进攻是她的特点。在冲击力方面，王娇比王旭更具优势。20岁的王娇被圈内人认为是中国女子自由式摔跤的未来之星，近两年状态出色，2007年8月世界青年锦标赛上王娇所向披靡，决赛中以2：0的比分利落地击败俄罗斯名将叶卡捷琳娜。

2008年，用王旭还是用王娇出征北京奥运会？中国摔跤队为此反复权衡比较，费了脑筋。考虑到在王娇和王旭的正面交锋中，王娇连赢王旭多次，具有全面优势，最终中国摔跤队决定由20岁的王娇取代23岁的王旭，冲击北京奥运会女子72公斤级自由式摔跤金牌。

王娇清楚身上的担子，中国摔跤队将夺金重任交给她，她必须有所作为。她在赛前曾说："我就是奔着冠军来的，否则对不起王旭。"

二、半决赛压倒日本妞

半决赛面对日本名将浜口京子，王娇显示了如虹的气势。第一盘，王娇与浜口京子展开激战，双方在前两分钟的自由进攻时间里都表现不俗。浜口京子率先拿下2分，但王娇在现场观众的加油声中连得5分。随后30秒的各自进攻时间，王娇与浜口京子都未得分。由此，王娇艰难赢得首局。第二局，王娇彻底爆发，仅用45秒便让浜口京子双肩着地！王娇以压倒性优势挺进决赛！

三、决赛精彩的1分59秒

决赛面对世界排名第一的保加利亚选手兹拉特娃，王娇气势逼人。但兹拉特娃绝非等闲之辈，她的严密防守很难突破。在对手先得1分，以1∶0领先后，王娇很快就追成了2∶3。此后，王娇借助对手漏洞，压制住兹拉特娃，5∶3！兹拉特娃不甘落后，奋力反击，但王娇死死压住对手。现场加油声无比热烈，王娇顽强地坚持着把对手死死地压在身下，巍峨的身躯和巨大的力量压得对手几乎动弹不得。对手在王娇威力无比的身躯下挣扎着，拼命地反弹，努力地企图翻过身子，10秒，15秒，20秒，25秒，30秒，对手终于支撑不住，双肩着地了。8∶3！胜利了！王娇直接赢得了女子自由式摔跤72公斤级的冠军！

现场沸腾了！中华人民共和国国歌在中国农业大学体育馆奏响，五星红旗第一次在摔跤馆升起！在夺冠的那一刻，王娇有向天吼叫的豪放，“很多人一直怀疑我的能力，这一刻我证明了我自己！”

赛后，有评论认为，王娇采用的战术是“闪电战”，决赛只用了不到两分钟，连第一局都还没过，一切仿佛还没有开始就已经结束了。

晚一些到达赛场的人，一定后悔。

决赛上取得了胜利的王娇，笑着蹦着，冲向路海教练。

这一刻，她又变成了教练口中的“小不点”。路海教练感慨又兴奋地说：“能够参加奥运会，我们已经很开心了。王娇拿到冠军了，我对她非常非常满意。”

“我觉得现场观众特别热情，观众越多我越兴奋，他们就是我的兴奋剂。”王娇赛后大声地说，“如果这枚金牌能让观众们对摔跤运动更多关注，那我会更兴奋的。”

场边，中国女子摔跤队总教练许奎元，静静地看着这一切。用许奎元的说法，王娇夺冠是“水到渠成”。“你别看她以前成绩不好，那是她没发挥出来。今天她拿冠军，我一点都不意外，这就是王娇的实力。”

而王娇在成绩面前，在奥运金牌面前，却显得十分谦虚和低调。用她的话来说，自己夺冠是“令人惊讶的胜利”，“我不是没想过金牌，但没想到这么快。应该说，比赛肯定是艰苦的，但我也要说，我赢得很轻松。”

四、进攻是最好的防守

王娇出生在辽宁农村。父母给她取名“娇”，是希望她“有个女孩子的样子”。然而，王娇从小就是个“假小子”。13岁的时候，她被辽宁省沈阳市苏家屯区体校柔道教练王永波看中。就这样，王娇就“稀里糊涂”地进了柔道队。不久后，王娇改行学摔跤。

2004年是王娇的转折点，她转攻72公斤级，并且进入国家青年队，从此踏上了摘金夺冠的道路。

不断进取，努力进攻，是王娇的性格特征。2004年，她获得全国锦标赛冠军；2005年，荣获亚洲锦标赛冠军，以及全国十运会女子自由式摔跤72公斤级冠军；2008年，获世界杯冠军。她原本是 2012 年伦敦奥运会的“后备力量”。但在队内比赛中多次击败雅典奥运会冠军王旭后，王娇凭借强劲的实力赢得了参加奥运会的资格。2008 年，王娇终获北京奥运会女子自由式摔跤 72 公斤级金牌。

在这次北京奥运会夺冠的道路上，王娇共有 4 场比赛，她全都表现得很出色，以大比分击败对手，优势十分明显。对此，王娇解释道：“可能是我比较喜欢进攻吧。我一直觉得进攻是最好的防守，只有进攻才能把对手带动起来。”

五、曾摔断教练两根肋骨

王娇从小就是个“假小子”，不仅劲儿大，胆儿更大。妈妈肖庆新说：“王娇 8 岁那年，有一个晚上，天都黑了她还没回来。同村的一个人急匆匆赶过来告诉我，说你家王娇带着三个小孩去坟地看死人去了。我当时正在厨房切菜，一听这话吓得菜刀都提不起来了，赶紧去追她。”

等到把王娇找回来，妈妈肖庆新狠狠地打了她一顿。但是王娇特别倔，“爱咋打咋打，她就是不吱声。”可能就是这股倔劲儿，才让王娇在奥运会上以绝对优势力压世界排名第一的保加利亚选手兹拉特娃，夺得冠军。

虽然王娇年纪不大，但在摔跤场上，却如同一只“小老虎”，威力不让须眉。在 2008 年的一次训练中，王娇一不小心还曾把教练王兴振的肋骨摔断两根。

女子摔跤队的教练王兴振曾是全国知名男摔选手，退役后他成为辽宁女摔主帅路海的助手。在训练中王兴振经常充当“陪练角色”，不过只有像王娇这样的高水平选手才能有幸和他过招。

直到今天，提起这件事王娇仍然觉得挺内疚："在一次背摔中，没有控制好力量，把王教练给摔伤了。当时，我非常伤心，可教练根本没有怪我。那时，我在内心也憋足了劲儿，一定要好好练，不能让教练失望。"

六、乡亲为王娇骄傲

2008年8月18日下午王娇比赛。从上午开始，王家的亲戚朋友和周围乡里乡亲百余人就相约聚集在王娇位于沈阳市苏家屯区十里河镇五里街村的小院内。王娇的父亲王维强购买了大量的鞭炮、啤酒、饮料，并在饭店预订了十多桌酒席。

17时45分，王娇登上奥运决赛的摔跤台，全院数百村民始终喊着"跤王王娇!""王娇加油!"的口号。17时53分，随着王娇以压倒性优势获得奥运金牌，整个王家小院沸腾了。双手竖起大拇指的跤王之父王维强被村民抛向了空中，并不时地和妻子一同高喊着"我的女儿世界最棒!"

七、王娇秘闻：爱歌爱美

王娇夺冠后，亲朋好友们无不兴奋地庆祝着那个激动人心的时刻。王娇在辽宁省队的同室好友许川川高兴得泪流满面："别看她像个小男孩似的，她床上摆满了各种娃娃。"

在许川川眼里，这位平时无话不谈的好友有个最大的爱好——听歌。从起床到在去馆内训练的路上，王娇的MP3一直带在身上。

"她最爱听周杰伦的歌，自称是周杰伦的粉丝。"许川川笑呵呵地说。

“其实她唱歌也唱得挺好的，尤其是快节奏的歌都是她的最爱。”谈起好友的爱好，许川川乐得合不拢嘴。

队里要求严，尽管王娇非常喜欢唱歌，但平时也从来不敢去练歌房，连外出都很少，最多过年的时候在饭店吃顿饭，平时过生日也只是在寝室煮碗方便面而已。

“王娇训练的时候性子可急了，对自己要求特别严，输了也很少哭。”许川川说，“她的墙上贴的都是各国选手的体重、特点、名次等等，特别刻苦钻研。这也是她这么年轻就出成绩的原因。”

哪个女生不爱美呢，王娇也不例外。但是由于训练的原因，王娇很少穿裙子，只有一次，别人的裙子放在许川川那儿，王娇看见了，特意借过来穿了一次。“我们才知道，原来王娇也是个爱美的女生。”

王娇的口头禅就是“必须的!”

比赛前，许川川曾问王娇“对夺金牌有信心吗”，王娇的回答就是她一贯的口头禅：“必须的!”

孟关良/杨文军

——皮划艇男子双人划艇 500 米冠军

再战江湖　蝉联冠军

2008 年 8 月 23 日，黄金搭档孟关良/杨文军继上届奥运会折桂之后，在男子双人划艇 500 米决赛中成功卫冕金牌。这是奥运会皮划艇静水项目上出现的第一个蝉联冠军。这块金牌也是中国皮划艇队在本届静水项目中赢得的第一块和唯一一块金牌。

而迄今为止，中国队在奥运会皮划艇静水比赛中取得的两枚金牌均由孟杨组合包办。在雅典奥运会夺金之后，孟杨组合一度因为孟关良的退役而解散。但因为难忘卫冕奥运金牌的梦想，孟关良在 2006 年 10 月毅然选择了复出。当时考虑到老搭档杨文军已经在个人划艇比赛中具备了夺牌实力，孟关良转而与小将宫拥军组成新搭档，并且以世锦赛第 5 名的成绩顺利取得北京奥运会参赛资格。

为了确保中国队在男子双人划艇 500 米项目这个重点冲金项目的实力，杨文军最终放弃了个人项目，和孟关良再度联手。二次携手，重出江湖，这对组合的实力有增无减。

一、成功卫冕

在北京奥运会男双划艇 500 米预赛中，孟关良/杨文军面对夺冠热门俄罗斯队的挑战，以 1 分 41 秒 218 取得小组第一，顺利晋级决赛，为两人的卫冕之路开了一个好头。不仅如此，杨文军在预赛后表示状态还没有完全出来，毕竟预赛是“孟杨组合”在北京奥运会的第一场比赛。另外一个小组的世锦赛冠军德国队同样以小组第一晋级决赛，他们与俄罗斯一起构成了中国黄金组合夺冠的两大劲敌。

德国组合在孟、杨拆伙的两年里完全统治了世界男子双人划艇界。在 2005 年的萨格勒布世锦赛上，他们包揽了 500 米和 1000 米两枚金牌；在 2007 年世界杯比赛中也取得了两站冠军。尽管在今年的匈牙利塞格德世界杯上输给了孟杨组合，但他们在今天的比赛中依然是中国水军卫冕的一大障碍。俄罗斯组合在 2006 年的匈牙利世锦赛中获得过冠军，这次北京奥运会的预赛中也仅以 0.023 秒之差落后于孟杨组合进入决赛，实力不容忽视。

不过黄金组合的重组、金牌教练马克的回归以及主场和心理上的优势，让外界普遍看好“孟杨组合”的前景。

8 月 23 日晚上上演的决赛进行得异常激烈。作为雅典奥运会男子双人划艇 500 米卫冕冠军，身穿红黄相间中国队服的孟关良和杨文军一出现在起航线上，就引起了看台上无数中国观众的欢呼。与 4 年前从落后完成大逆转的夺冠过程相比，这次孟关良/杨文军经历了一个完全不同的夺冠历程。

作为皮划艇项目中最后一对参加决赛的中国选手，孟关良/杨文军承载着全国人民的期望冲出起点，在前100米的起跑他们就抢占了半个艇身的优势。而抵达半程计时点时，孟杨组合以48秒22处于领先，已经甩开了俄罗斯队近1秒的时间，而乌克兰队和德国队紧随中国队之后。

最后250米，俄罗斯选手发起了强悍的冲击，渐渐和孟杨组合拉近了距离。在最后的冲刺阶段，孟杨组合守住了微弱的优势，以1分41秒025率先冲线。俄罗斯队落后0.257秒位居第2；德国队继今年世界杯赛之后再度被中国选手击败，他们落后0.939秒只拿到一块铜牌。

二、落水庆祝

由于末段拼得太凶，冲过终点线的孟关良和杨文军体力透支，已经没有力气保持跪着的姿势，小艇一下子失去平衡，两人也随即翻入了水中。孟关良在水中探出脑袋，到处张望着，希望能够从人们的反应中得到关于成绩的点滴信息，而杨文军则干脆躲在了终点浮标背后。刚刚喧闹无比的赛场也瞬间安静，所有人都紧张地盯着大屏幕。

仅仅过了几秒钟，赛场重新沸腾。大屏幕上打出的成绩清楚地显示：第一名，中国队，1分41秒025。水中则是另一番热闹景象，孟关良高举着双臂大吼，紧接着用两只手拍打着水面，弄得水花四溅，而杨文军则从搭档的反应中确定了夺冠的信息，他用手拍着自己的额头，仰天长啸——这一幕，极像4年前的雅典。

孟关良和杨文军有些狼狈地被救生人员“捞”上了岸，但这一点也不妨碍他们湿淋淋地接受着全场数千人山呼海啸般的欢呼。“最后100米我们已经拼到缺氧了，俄罗斯的艇追得很猛，但那时我们就想着拼了，金牌就是我们的了。”杨文军气喘吁吁地说，而孟关良一点也没有接受记者“主动落水庆祝”的好意，“那时候我们真的快不行了，已经到极限了，连跪在艇上的力气都没有。”

“我冲线的时候根本就没有看对手，一直就是照着事先安排的节奏在划。其实在终点前 100 米，我就有感觉这块金牌是我们的。”孟关良豪气十足地说，“但落到水里后，心里还是有一点不确定。后来还是救生员告诉我，你们就是第一。”

对于一个由欧美选手统治了多年的优势项目来说，中国人能够实现突破，这固然可喜可贺；但是在取得突破后仍能固守住阵地，这更是弥足珍贵。

三、实力更比四年前强

四年前在雅典，孟关良/杨文军惊险夺冠的一幕，至今依然让国人记忆犹新；而四年后在北京，孟关良/杨文军成功蝉联了这一冠军。对比两次夺冠的经历，不难发现，这一次他们的表现比四年前更好，更强。

2004 年时，孟关良/杨文军是通过复活赛才勉强获得了晋级决赛的机会。皮划艇在中国是不为人关注的弱项、小项，赛前，也没有多少人认为他们有能力夺取冠军，所以到决赛时只有区区 20 名中国观众到现场为他们呐喊助威。

开赛后，孟关良/杨文军这条艇一度落在最后，通过 250 米计时点时，也仅仅只是排在第四。杨文军赛后回忆道：“我们有些不适应这么大的浪，所以开赛后就制定了后程发力的战术。”而孟关良也坦言：“200米之前我们根本无法注意到对手的表现。”然而，在最后时刻，孟关良、杨文军利用冲刺阶段的完美表现，特别是两把桨的完美配合，一路奋起直追，最终率先冲过终点。

由于领先优势微弱（仅有0.07秒），所以在孟关良身后划二号桨位的杨文军赛后根本无法确定他们的名次。他回忆说：“赛后老孟和我说，完了我们得了第四。我心说不会吧，但是我怎么也没想到我们最终夺取了第一。”当裁判示意中国组合夺取了第一名时，幸福的孟关良几乎不相信自己的眼睛，反复确认后，兴奋得双手握拳大吼，而杨文军也激动得猛拍脑袋。那有趣的画面成为了中国奥运史上经典的一幕。

四年前的金牌，完美地诠释了“险胜”的意义。而四年后的这枚金牌则完全不同，卫冕的孟关良和杨文军充满了自信。他们从出发后就始终处于领先地位，通过250米计时点时，他们已经领先了第二名1.02秒。而通过终点时，他们也领先了对手近0.3秒。也就是说，如果4年前孟/杨的皮艇仅仅只是领先几厘米惊险夺冠，四年后这种领先优势已经扩大了四倍！

除了成绩更加优异之外，孟/杨二人的信心也完全不同。赛后杨文军说：“最后100米我们已经确定能赢了。”很显然，这种自信是建立在经验、技术和实力上的。如果说四年前赢得还有些侥幸，那么北京奥运会上，他们赢在了发挥和拼劲上。一句话，四年后的孟杨组合，比四年前更强大。

孟关良：复出卫冕　改写历史

身　　高：1.85m

体　　重：90kg

性　　别：男

出生日期：1977 年 1 月 24 日

籍　　贯：浙江绍兴

在中国男子皮划艇队，孟关良有着“老大哥”的头衔。长在钱塘江畔的他，自出道以来便以无可比拟的优势在亚洲多次包揽男子 1000 米和 500 米单人划艇的金牌。2004 年在雅典奥运会与杨文军合作夺冠后，27 岁的孟关良功成身退，回家娶妻生子，淡出了人们的视线。然而为了能在家门口的奥运会上卫冕，他选择了复出，一路走来历尽艰辛。

在北京奥运会上成功卫冕男子双人 500 米划艇的金牌之后，孟关良/杨文军成为奥运会皮划艇项目上的首对顺利蝉联的冠军组合，改写了皮划艇（静水）项目的历史。

一、赛前 10 天曾经受伤

看着孟关良笑容满面站在领奖台上，人们或许并不知道，就在比赛前 10 天，他卫冕的脚步因为一次意外的受伤差点停止。

那是在 2008 年 8 月 2 日的一次训练中，孟关良在单人艇快划的时候遇到了涌浪，腰部扭了一下。这次受伤让孟关良在床上整整躺了三天。“我当时以为我的北京奥运会就这么完了。”孟关良回想起受伤时的情景还心有余悸。不过幸好后来经过医生诊断，他的腰伤只是急性伤，很快就能恢复。在教练适时地调整了训练计划之后，孟关良仅用了一周时间便走出了伤病。“我真的得感谢医生和教练，这次受伤对我的参赛没有产生任何影响。”孟关良一边拍着曾经受伤的腰部，一边哈哈笑着。

对于孟关良来说，赛前的这次受伤，只是他复出后战胜的无数困难中的一个。

2005年十运会后，孟关良离开了赛场，次年10月，怀着对奥运的憧憬，孟关良重新回到国家队。刚开始的训练非常痛苦，毕竟孟关良当时的体重已经达到105公斤。每天训练之后，孟关良累得饭都吃不下，路也走不动。但是，坚韧和梦想支持着他咬牙撑了下来，他的体重降到了86公斤，状态也接近了自己的巅峰期。

“确实，我觉得压力非常大。”回想起为这块金牌所作出的努力，孟关良感慨良多，“复出以后几年走过来，非常不容易，从亚运会到之前的世界杯我们划得都不是很好，特别是今年非常不容易。”

二、练游泳曾是逃学生

孟关良从小熟悉水性，9岁便在家门口划起了乌篷船。

1984年，7岁的孟关良被原绍兴县体校教练高汶英挑中练游泳。离开东湖到绍兴市，练了不过半月，他便耐不住寂寞逃回了家。高汶英和教练管荣庭多次上他家，与他的父母一起，好说歹说才把他哄回了体校。

三、半路出家练划艇

1990年上半年，曾在省游泳队集训一年的孟关良被退回绍兴市体校，管荣庭也改行为皮划艇教练。他对孟关良说："游泳搞不下去了，跟我搞划艇怎样？"孟关良点点头。就这样，孟关良调入了划艇队。3个月后，他在省青少年比赛中拿了三项冠军。

四、差点成了卖菜郎

1993年，虽说成绩不错，但孟关良没进成省队，体校中专也没考进，改练划艇也仍然看不到前途，于是父母给儿子买了辆三轮车，让他去卖菜。看准关良是块材料的管荣庭教练顶着压力找到家长说："再给我半年时间，不行就让他回去。"终于，1994年1月，孟关良进入省队集训，第二年在全国青少年比赛中拿到了500米和1000米两项冠军。

五、父母眼中的孝子

在父母眼中，孟关良从小就特别懂事。在市体校训练时，因为住校，他并不经常回家，但每次回去，他总帮家人干农活。父母在田里插秧，他就为父母送水解渴，有时候也帮着大人挑一些秧苗去田里。父母知道儿子训练辛苦，从来不让儿子做太重的农活。"特别是进入省队后，他比较忙了，训练也非常累，好不容易回一次家，他要帮我们干活，但我们也不想他做这些。"爸爸这样说道。

孟关良的母亲身体不是太好，2006年的时候，胃部还做过一次手术。“那时候就是胃溃疡，疼得不行，最后去做了手术。当时孟关良正在国外参加亚运会，我不想他分心，就没有告诉他，只等手术完了，他回国后，才跟他讲胃不好，动了手术。”知道这事后，关良大为恼火：“你干嘛不再等等，等我回来，等我陪着你做手术！”他大声地责备母亲，话语里透出的满是焦急。比赛结束一回来，孟关良直接飞回了杭州，迫不及待地赶回家里看望母亲。

虽说母亲瞒着关良做手术被儿子责备，但当孟关良自己受伤时，孝顺的他却因为怕母亲担心，一样选择了沉默。

那时正是八运会之前，孟关良摔了一跤，小腿骨的很大部分都受伤了，挺严重。母亲忆起此事的时候，脸上还流露着不忍。母亲说，因为马上就要比赛，孩子怕因此耽误，还是一直坚持，但从来没对家人说。比赛结束后，孟关良去同学家玩的时候，无意中跟同学妈妈说起这件事，母亲才通过别人知道了儿子受伤的事情。

从离开家到现在，因为忙于训练和比赛，孟关良只有一年春节是和父母一起过的。母亲说自己很清楚地记得那次团聚，但被问到具体怎么过的时，她又着实忘记了，说只记得和儿子一起开心了。

六、复出就为在家门口卫冕

北京奥运会之前，退役已有一年半的孟关良选择复出，因为他实在禁不起在家门口夺冠的诱惑。他与杨文军的组合卷土重来，目标只有一个——在家门口的奥运会上卫冕。孟关良坦言，如果自己不想冲击金牌，就不会复出。而杨文军，在本届奥运会上放弃了之前主攻了两年的单人项目，与孟关良重新组合，目的也是全力卫冕！

从携手创造雅典辉煌以来，“孟不离杨，杨不离孟”就开始被用来形容两人间的默契。其实，当时两人搭档只有8个月而已。经过一年多的恢复训练后，这对组合的状态又如何呢？2008年，他们参加了本年度两站皮划艇世界杯比赛，都取得了金牌。事实证明，孟杨搭档再次回到了巅峰。

七、复出不见了半个人

比赛结束后，有熟悉孟关良的朋友说，老孟是“掉了半个人的肉”才拿到这枚金牌的。这话可没有半点夸张的成分。现在，身高1米85的孟关良体重86公斤。可当他2006年重新拾起桨片、选择复出的时候，孟关良的体重高达105公斤。

为了能够取得好成绩，尤其是在北京奥运会上夺取冠军，孟关良进行了最艰苦的训练。就拿一堂课来说，划12公里再加30分钟跑步的耐力训练，这都属于强度比较低、只能算是二级强度的，此外还有三级、四级，甚至五级强度的。

正是在如此大强度的训练下，孟关良的体重直线下降。2006年恢复训练到现在，他体重减了约40斤。因此，在刚开始恢复训练的那个阶段，他的妻子每次见到他，都“有点认不出来”。“几乎每回见面，总能看出他瘦了很多。我知道，为了这块金牌，他吃了很多苦。”赛后，孟关良的妻子徐锋月感动地说。

八、妻儿上京1号车厢1号房间

在他决定复出的那天，妻子徐锋月就已经决定将来要带孩子去北京现场看比赛。让儿子看着老爸夺冠，一直是孟关良的梦想。

比赛前一天的晚上，徐锋月带着刚满 15 个月的儿子航航，乘坐火车从杭州到北京。他们要作为孟关良最为坚强的后援团，给孟关良加油助威。那次到北京，他们的家庭后援团一共来了 7 个人的“大部队”。小航航可是头一次出这样的远门，头一次看爸爸比赛。虽然他还什么都不懂，可他会时不时地举起肉肉的小手，作出那个他爸爸在雅典夺冠时确认“第一”的动作。

在买车票的时候，他们的运气非常好，拿到这列火车 1 号车厢的 1 号房间。孟关良的妻子在买到这张车票后，非常高兴。1 号车厢 1 号房间，都是“1”，像是某种暗示。比赛中，孟关良的表现相当出色，他和杨文军一马当先，果然获得了这场 500 米男子双人划艇的第 1 名。

杨文军：弃战单人艇　卫冕双人赛

身　　高：1.78m

体　　重：78kg

性　　别：男

出生日期：1983 年 12 月 25 日

籍　　贯：江西丰城

与孟关良成功卫冕双人划艇 500 米奥运冠军后的杨文军与四年前相比显然开朗了许多，他尽情亲吻着胸前的金镶玉，笑容灿烂，不断向人群挥着手。

尽管在单人艇上也具有冲击奖牌的能力，甚至一度考虑过单、双人兼项。但为了国家和集体的荣誉，他最终放弃了单人艇，集中精力与孟关良一起在双人项目上冲金卫冕。赛后他说，“上一届与老孟就有感情，上了这条艇就更是一条心了。”

自从2004年8月28日在雅典为中国皮划艇和中国水上项目实现历史突破，夺得奥运首金后，他和“老孟”一分手就是三年多，期间他一直主打单人艇。

一、配合默契打破神话

时间回到北京奥运会决赛开始之前。孟关良和杨文军一前一后走进艇库，检查赛艇，然后将艇扛出艇库，上艇离岸，整个过程，俩人没有说一句话。

熟悉这对组合的人都知道，虽然孟/杨是黄金组合，但俩人由于彼此性格上的巨大差异，只在比赛中做搭档，生活中却并非朋友，平时训练中他们甚至很少交流。但这一点也没影响到他俩的默契。尽管在雅典奥运会之后，俩人足足有3年没有配在一起划过双人艇，但一旦跪在同一条艇上，马上就能找回多年的默契。尤其是2008年2月，随着当年带领自己走上雅典奥运会冠军领奖台的教练马克的回归，杨文军毅然放弃了苦练很久的个人划艇项目，再度联手老兄弟孟关良。“其实我单人艇也是有拼的实力的，虽然冲金可能难一些，但是拿牌也是差不多的。不过双人艇是集体的项目，我跟老孟上一届就有这个感情在这里，所以我抛开了一切选择了双人艇。”杨文军说。孟不离杨，杨不离孟，昔日的黄金组合终于又回来了！

"我和杨文军配合得相当好，尤其是从德国回来之后，配合的感觉尤其出色。我感觉比4年前更加默契。"孟关良说。"我们两个人都有决心，相信我们有这个水平一定能蝉联这块金牌。我们经常听教练说，世界上没有一条艇在同一个项目能够蝉联金牌。我们说我们要打破这个神话，今天我们做到了。"

2004年首次奥运会夺冠时，孟关良和杨文军各自长啸，却并没有拥抱。但在北京奥运会决赛结束后，孟关良与杨文军来了一个紧紧的拥抱。这对开创了奥运历史的金牌组合，用这样的方式迎来了终极辉煌。

二、独自上路

根据国家队的安排，杨文军在雅典奥运会后开始主攻短距离单人划艇项目。经过刻苦训练，杨文军单人艇的能力逐渐在世界大赛中显露出来。从德国世锦赛到中国公开赛，2007年的皮划艇静水战场上，杨文军身边没有搭档孟关良，也没有对手孟关良，但这丝毫不影响他在男子500米单人划艇项目上的稳步提升。

2005年世锦赛，首次全面参加单人比赛的他，获得500米划艇第6名、1000米划艇第7名；2006年世锦赛夺得铜牌，当时他与金牌获得者之间的差距是0.8秒；2007年8月世锦赛，他又取得1枚铜牌，并因此获得一张宝贵的北京奥运会入场券，与冠军之间的差距也缩小到了0.3秒。

"看到自己的进步，我对参加北京奥运会夺取金牌的目标越来越明确，信心也越来越足了。"杨文军说。不过，杨文军要想在主场献上最完美的演出，还必须征服德国名将迪特穆、俄罗斯好手尼·利普京等强手。“在短距离项目上，我觉得最大的对手就是我自己，克服自己、战胜自己就能战胜一切对手。”杨文军很清楚自己前进的方向。

随着成绩的稳步提高和领军地位的逐步确立，杨文军对自己的要求也日渐严格起来。如果不外出比赛的话，他每天上午会从 8：30 训练到 11：30，下午从 15：00 训练到 18：00，一个星期只休息一天作为恢复调整。训练中他认真领会教练的要求，不允许自己有丝毫懈怠，而教练也慢慢发现杨文军越来越让人放心。休息时间里，他不是温习自己喜欢的专业课程，就是利用自己的专业知识教一些年轻运动员。“自己提高了，才能帮助别人。看到自己和被帮助的人都在进步，这种感觉最好！”

三、“从雅典奥运会的金牌光环中走出来”

然而，杨文军在单人艇的道路上绝非一帆风顺，甚至曾经因为斗志不足遭到来自德国的中国皮划艇总教练约瑟夫的严厉批评。

2006 年 12 月 11 日，杨文军在本来能够夺金的亚运会单人划艇 1000 米的决赛中名落孙山。约瑟夫大怒，赛后非常生气地对他说：“你可以输，但不能放弃比赛。”

在比赛中，划左桨的杨文军一开始就由于风向不顺没有调整好艇，使得身体比较僵硬，加上发令枪响得比较急，因此起步就落后。刚开始时，杨文军还想追赶，但比赛进行到 750 米时，他与第一名差距已越来越大。眼看夺金无望，杨文军就基本放弃了比赛，慢慢划到了终点，最终仅名列第五。冠军被乌兹别克斯坦选手门科夫夺得。

让洋教练约瑟夫特别生气的不是杨文军的名次，而是他眼看拿不到第一便放弃的做法。“最后的250米，杨文军如果跟着的话，第三名肯定是能够拿到的。所以，按照我的观点，你可以划最后一个，但你必须拼搏。”约瑟夫说，“25年的执教经验告诉我，你可以输，但你不能放弃。无论如何也不应中途放弃比赛，对此我是很生气的。”

约瑟夫给杨文军一句忠告：“从雅典奥运会的金牌光环中走出来!”约瑟夫表示，雅典奥运会已经过去两年了，杨文军不能活在过去，而应该活在未来。“你为了你的国家出来比赛，心中要想着你自己的国家。”约瑟夫表情严厉地说。

这件事对杨文军触动很大，从此，他训练更加刻苦，比赛也更有斗志了。

四、图卫冕弃单攻双

在亚运会上受挫这件事也同时暴露了杨文军划单人艇的弱点：由于划的是左桨，如果刮右侧风，他就非常困难，每一下桨都得调一下方向。北京奥运会的皮划艇静水项目比赛场地顺义水上公园就有侧风问题，而且变数很大。高手竞争就在毫厘之间。虽然具备夺冠的可能性，但如果每一桨都得多做这点工作的话，夺冠就太难了。

因此，经过反复权衡，同样渴望在北京蝉联奥运冠军的杨文军最终非常坚定地选择了与孟关良合作配双人划，放弃了自己也颇具实力的单人艇项目。

主攻双人划的另一个决定因素是两人的恩师、金牌教练马克的归来。在令他们敬佩的马克的决策和带领下，杨文军和孟关良训练得格外刻苦。8月23日，他们俩卫冕成功后，马克对他们说："No.2（第2枚金牌）!"，并对上前祝贺的人说："谢谢中国!"而杨文军和孟关良则由衷地对马克说："谢谢马克!"

的确，没有马克，就不会有孟杨这对黄金搭档，也不会有雅典和北京奥运会的两块宝贵的水上项目金牌。

五、金牌教练马克铸造黄金搭档

杨文军与孟关良既是搭档又是对手。在中国皮划艇队，孟关良比杨文军早入队八年，属于队中资格最老、水平最高的运动员之一。而杨文军自从17岁进入国家队，奋斗目标就是希望有朝一日自己能够超越孟关良。为此，他一直在努力。

马克的誓言

雅典奥运会前，中国划艇的水平比较落后。在国际大赛中，包括孟关良在内的中国最优秀选手连取得决赛资格也是一件很艰难的事。孟关良那个时候经常开玩笑说，电视转播比赛的时候，五秒钟以后画面上就看不见我们的人了。

就是在这样的情况下，加拿大籍的波兰教练马克来到了千岛湖，而他的目标就是要让落后的中国划艇进入世界前列。在一次会议上，马克果敢地立下誓言：要把中国划艇队带进世界前六，并且获取奥运会入场券。这句话引得现场一片哗然。

为促老孟起用杨文军

在分析了中国运动员和欧洲运动员的特点与差距以后，马克决定从强化国家队队员的体能入手。在加强体能训练的同时，马克的水上训练计划也与众不同——他的目标并没有锁定在国内最优秀的运动员孟关良身上，反而是杨文军成为了他最关注的对象。当时，杨文军还只是国家队的二线队员，要想赶上孟关良，就必须把他的训练量提高到过去的两倍。

高强度的训练搞得杨文军疲劳不堪，年轻有个性的他忍不住“反抗”了，为此几进几出国家队。但不知不觉中他的水平在提高。2002 年，他首次战胜了孟关良，给了当时在国内独步江湖、目空一切的“老孟”不小的压力。

划艇领队曹景伟后来透露，马克当时的思路是想用杨文军来促进孟关良——要想让孟关良进入奥运会的前几名，就必须有一个人能够在高质量高强度的对抗下刺激孟关良。

杨文军三出三进国家队

杨文军被波兰教练从队中提拔，却因我行我素，不听从教练指挥而被退回省队。后来，年轻的杨文军在省队表现有进步，再次入选国家队；之后又因同一原因第二次被退回省队。接着，杨文军再次有幸被唤回国家队，后来因为跟不上教练的训练进度而第三次被退回省队。之后，国家队为了准备雅典奥运会第三次召回了他。

三次被送回省队，又三次因为成绩进步重新回来。在这样起起落落的经历中，杨文军逐渐成长起来。2002 年，他终于在全国冠军赛中以微弱的优势第一次赢了孟关良。孟关良和杨文军的内部竞争无形中提高了中国划艇的水平。

拍板孟杨打双划

雅典奥运会前夕，中国划艇队的博士们在检测训练用的肌电图中发现，孟关良在完成一桨动作时肌肉放电比较均衡，也就是说他能够比较合理地把自己的肌肉力量都使用出来；而杨文军是一个爆发型选手，他的主导肌区放电非常明显。这次测试，促使主教练马克决定把中国最优秀而类型不同的两个划艇选手组成双人艇。

杨文军最初并不习惯："在前面的人就跟划单人划一样，而在后面跟桨的人又不能按照自己的习惯划。同在一条艇上，又是二号位，你就只有跟着他划。"但在雅典两人通力合作夺得金牌后，曾一度把超越不了孟关良的原因归咎于自己是左撇子的杨文军说："我突然感到，左撇子是多么幸运！"

六、在雅典跨越巅峰

杨文军忍受了常人不能忍受的各种痛苦，克服了技术和动作上的各种困难，终于取得了成功。他先是从地方队调到了省队，然后再来到国家队。国家队激烈的竞争使每个人都感到了无形的压力，杨文军凭着对事业的执著追求和对桨感的天赋，进步总比同来的队友快一截，这也让教练们欣喜不已。

2004 年 8 月 28 日早上，雅典划艇赛场突然刮起了大风。下午，参加奥运会男子 500 米划艇决赛的杨文军和他的搭档孟关良出发就不顺利。由于许多比赛都未采用最正式的起航器，他们对发令的反应慢了一点，成为出发最慢的选手。并且，风向和浪流对杨文军所持的左桨相当不利，孟关良第一桨下去，杨文军没跟上，二人错了桨。这样的开局使得他们在接下来的比赛中只能是追赶，前半程一直落后，直到过了250米时还处在第四名。

后来有人问杨文军，当时急么？他说："还可以，什么也没想，拼命划。"就像他父亲杨义祥曾评价的："他反应能力较强，关键时候能沉着冷静。"

下午3点15分，与其他三条艇几乎同时冲过终点后，杨文军和孟关良还是反应不过来，他们完全不知道自己得了第几名。"谁知道第几啊？"杨文军问。他和孟关良刚收艇上岸，孟关良以为是第四，裁判告诉他们夺冠了，他俩都有点不相信。孟关良一只手里还拿着桨，另一只手指着自己反复问："是我们吗？"确认获胜之后，孟关良举起胳膊伸着食指喊："第一啊！第一啊！"此时的杨文军一巴掌猛拍在自己脑门上。

关于这一巴掌，有两种说法，第一种是杨文军边拍着脑门边仰天大叫："不是在做梦吧?!"另一种是杨文军在事后接受采访时说，拍脑袋是因为在冲线时隐约感觉自己赢了一点点，听到孟关良说得了第四，心想完了。记者问杨文军，他笑着说记不清啦，反正当时确实跟做梦一样，"这可是我第一次参加奥运会啊，就当冠军了！"

对0.072秒的领先也能那么敏感地知道吗？杨文军说实际上并不知道，所知道的只是自己的训练真的很艰苦，比赛时确实尽了全力。要不是出发时的失误，对杨文军来说这枚金牌来得并不算太过意外。2004年6月，杨文军与孟关良合作获得了德国世界杯冠军，他就在电话里对父亲说：奥运金牌基本上可以稳拿。

杨文军和孟关良夺冠的成绩是1分40秒278，他们终结了中国划艇乃至整个中国水上项目没有奥运金牌的历史。而在2000年时，我国还没有水上项目的参赛资格。这是中国体育代表团在雅典奥运会上的第28枚金牌，在所有夏季奥运会中的第108块金牌。这枚金牌使中国军团在雅典奥运会的金牌数追平了悉尼奥运会的夺金数。更重要的是，杨文军和孟关良的胜利，意味着中国体育代表团实现重大突破，在奥运会历史上第一次在田径、皮划艇和水上三大奥运会金牌大户项目上同时收获金牌。

再次夺得奥运冠军后，再次被问到如何能够克服训练难耐，或是与搭档配合的问题时，杨文军都只是淡淡一笑说："我是成熟的职业运动员，这些都是我应当做和接受的事。而从训练和比赛中学到的一件事是：做事要执著，要做就做好，要么就不做。或者说，我原本就是一个执著的人，现在越来越成熟了。"

七、倒立练就神力，龙舟划出奥运冠军

杨文军从小就喜欢体育，他特别喜欢倒立行走，用两只手走路。他在屋子里还安装了一对吊环，没事经常吊几下，时间长了，他的手臂就特别发达，特别有力。这为他后来从事皮划艇事业奠定了非常好的基础。

杨文军是那种认准一个道理就不放弃的人，他喜欢倒立，喜欢吊环，就一直坚持着。在读书的时候，他的体育成绩总是特别好，在学校运动会上可以一个人参加很多项目，也拿了不少名次。

当地男人有个成人仪式——"接标"，实际上就是划龙

船，表示一个男人已经正式成年了。杨文军读初中的时候就大胆地登上龙舟，并且依靠神奇的臂力一鸣惊人，小小年纪就成了当地有名的桨手。正因为如此，杨文军14岁的时候，他的体育老师丰俊慧眼识珠，开始让他练田径。第二年，宜春教练吴朝军把这棵好苗子带到了宜春水上运动中心，从事划龙舟专职训练。从那里，杨文军划出了他生命中真正的第一桨。后来，他又从龙舟转项皮划艇，也才有了以后的种种神奇。

由于家里穷，在体校时，杨文军因营养不足而身材瘦小，脸色苍白。这对于练皮划艇来说，绝对不是一个有利的先天条件。好在杨文军水感、力量和协调性都不错，练的又是左桨，教练才留下了他。“那时运动队条件没法跟现在比，学员还住在茅棚里。杨文军特别能吃苦，训练非常认真，准确掌握动作要领，不像有些队员身体疲劳时东倒西歪，动作变形。”杨文军的启蒙教练吴朝军回忆说，“我清楚地记得，杨文军第一天上艇训练，居然没翻船，一个星期后便能划行直线。而很多人要为此练上一两个月。”

八、贫困铸就坚韧意志

在外人眼中，杨文军是一个内向、坚强、永不服输的铮铮男儿。可是在母亲眼中，他却是一个“眼泪很便宜”的农家乖男孩。

杨文军所在的阳泗村在丰城小有名气，全村67户人家有相当一部分人在外地做生意，村里人的生活水平相对较高，被誉为“丰城的小温州”。可是，杨文军家中却没有一丝“富裕”的景象：20世纪70年代建造的老屋，简陋的家具；唯一的一台彩电是女儿出嫁后买来孝敬父母的，还是为了让父母能够在家看到奥运会节目。

早在杨文军还在读初中时，父母就双双前往外地打工，过年都没有回过家一趟。杨文军和妹妹都是靠家中爷爷、奶奶抚养，父母则每个月寄钱回来。破旧的房子，昏暗的灯光，年老的爷爷奶奶、年幼的妹妹互相陪伴和扶持，这是杨文军记忆中最长远最深刻的家的印象。

杨文军是个孝子。他曾多次让父母别再出去打工，他对父母说："我在外面漂，没有家的感觉，而你们出去打工，也离开了家，我们都没有了家。一旦我回去探亲，也还是没有家人在身边，这太心酸了。所以，我希望你们二老安心在家养老，这样我回家的时候也可以看到你们，费用你们不用担心，我肯定会及时送来足够的养老金。"

对于杨文军而言，贫困带给他的不是负担，更不是放弃自己的梦想，他的意志反而因贫困更为坚韧，在逆境中更加坚强。杨文军不再如年幼时那样轻易落泪，他终于登上了奥运冠军的领奖台。

2007年，杨文军被光荣地选为十七大代表。作为一名运动员，杨文军对"为国争光"、"为家乡争光"是这样理解的：时刻牢记祖国和党的培养，不辜负家乡人民的厚爱，做好自己的本职工作，把简单的事情做好就不简单，把平凡的事情做好就不平凡。他说，最好的实际行动，就是要在北京奥运会上努力拼搏，争取再拿金牌，报效党和祖国，报效家乡人民。

在北京奥运会上，杨文军，这个贫困家庭的孩子，实践了诺言。

九、四年大学从未补考

在皮划艇界，杨文军是大家公认的善于钻研的运动员，他自己也觉得自己逻辑思维能力很强，学习什么都很快很容易上手。

在国家队和省队没有比赛和训练任务的时候，杨文军的另一个身份是江西师大的学生——从体育系本科生到法律系硕士生。

有了机会读大学，也就特别珍惜校园生活的每一天，只要没有比赛训练任务，他都会准时出现在教室里。训练落下的课程他一定自学补上，考试的前几天晚上也会精心复习迎考；有时候碰到不明白的问题，也会抄下来，等下课去问老师。老师们对他特别热情，有时竟然会花两三个小时来回答他的问题。

平时的努力付出，让他在考试中得到了回报，大学四年他从来没有参加过补考。这样的成绩对于兼顾训练与学习的一个运动员来说，的确值得骄傲。

不过对于他来说，真正值得骄傲的是他在大学里结交到的好朋友，“我认识的那些朋友，搞文艺的，搞播音主持的，各种各样社团的，什么都有。”有时因为要住在基地参加集训，有一段时间不能回学校，朋友们就会跑去基地看望他，找他出去玩。“不过，不知道他们是不是因为料到我一准会买单，才老叫我出去玩。”杨文军的玩笑中透露出他的大哥做派。

在江西师范大学体育系攻读了四年后，性格豪爽、大大咧咧的杨文军认为自己将来并不适合走上讲台拿起教鞭。

因此在直升硕士时，他选择了法律专业。“现在是法制社会，将来干什么都离不开法律，学点法律以后总有用得到的时候。”

十、对“大鲨鱼”情有独钟

肩负着北京奥运会的夺金重任，杨文军和他的队友们在水面上挥汗如雨，可一上岸，篮球就成了他们放松和调节体能的一个重要方式。只要一有空，杨文军就会抱着篮球，和队友们在球场上一较高下。他喜欢奥尼尔的强悍，因此爱上了湖人队。他从小喜爱篮球，对中国男篮运动员也格外熟悉。

杨文军业余时间非常喜欢看 NBA 比赛，直到今天，只要一有时间，他肯定会守在电视机旁，欣赏每一次扣篮、每一个盖帽。杨文军身高 1.77 米，打球时总是出任后卫。但他最喜爱的 NBA 球星却是“大鲨鱼”奥尼尔。“平时总会去看球，如果可以的话，肯定会一场不落，”杨文军说，“最喜欢的球星是奥尼尔，感觉他一直很有霸气，力量十足。”至于其他球员，在他眼里都“差不多”，一般都是谁打得好，他就为谁加油叫好。当有人问他：“你怎么会喜欢上奥尼尔?”杨文军总是会淡淡地一笑，说：“就是喜欢，很简单很单纯的那种。”

爱屋及乌，由于奥尼尔的缘故，杨文军对湖人队也青睐有加。虽然奥尼尔早已出走迈阿密，并在那里拿到了自己的第四枚总冠军戒指，但杨文军表示，奥尼尔的巅峰期是在湖人度过的。在他印象里，无论奥尼尔去了哪里，他总会将奥尼尔和湖人联系在一起，两者是相互依存、不可分割的。他说："以前看球的时候，我并没有什么特别喜欢的球队，可是奥尼尔一出现，我就开始喜欢上湖人队了。没有其他的缘故，就是喜欢他们。现在只要有湖人队的比赛，我就会去很仔细地看，毕竟这是自己喜欢的球队。"

杨文军喜欢奥尼尔是因为"大鲨鱼"扣篮时的霸气。而每当NBA扣篮大赛开始时，杨文军就会很激动。他表示，虽然这只是一个秀场，但看到NBA球星做出一个个夸张的扣篮动作时，他就会感到非常兴奋。"看球时很喜欢看扣篮，像全明星的扣篮比赛我总会去看，感觉非常棒。"杨文军说。

由于身高的限制，杨文军很难像电视上的NBA明星那样，在空中飞翔，然后上演一次次暴扣的画面。可杨文军却从中享受到了篮球的乐趣，训练的生活是非常枯燥的，杨文军正是通过篮球给自己减压，来调整自己的状态。

十一、中国男篮的粉丝

2002年，杨文军首次代表中国皮划艇队出征釜山亚运会，在那届亚运会上他第一次见到了姚明。杨文军表示，这是他第一次在正式场合见到小巨人。不过在杨文军印象中，他对王治郅更加印象深刻。

当时的姚明尚未登陆NBA，而王治郅已经成为亚洲NBA第一人，加盟小牛队；但他缺席了韩国釜山亚运会。与现在相比，姚明当时还没这么"红"，身体素质也没有现在这么好；他留给杨文军的印象除了高之外，就是瘦。杨文军说："当时的姚明还不像现在，所以我只知道他是打篮球的，对他并不熟悉。我记得那个时候，姚明还很瘦，可不像现在练得这么好啊。”

除了姚明和王治郅，杨文军对中国男篮其他队员的名字也如数家珍。他表示，大家都是国家队成员，而且曝光率都很高，所以对他们的名字都非常熟悉。2002 年，李楠还是亚运会的旗手，所以杨文军对他们均有所了解。

不过，皮划艇是水上项目，训练场地不可能安排在总局大院里，杨文军和中国皮划艇队也就很少住在天坛公寓，平日集训皮划艇队往往要在浙江、云南等地的水上训练基地来回奔波。杨文军坦言，尽管自己对篮球运动非常热爱，但因为这些客观因素的限制，他很少能够见到这些男篮队员。

邹市明
——拳击48公斤级冠军

身　　高：1.62m

体　　重：48kg

出生年月：1981年5月18日

籍　　贯：贵州遵义

“海盗拳”独步江湖　　功夫小子雄霸拳坛

2008年8月24日，第29届奥运会的最后一个比赛日。下午1：40，当主裁判高高举起邹市明的手，坐在看台上的国家体育总局副局长崔大林和中国拳击协会主席常建平难抑激动的心情，紧紧地拥抱在了一起。加上邹市明用拳头击落的这块金牌，中国代表团在北京奥运会上的金牌总数已经达到了50枚！而自从前苏联于1988年汉城奥运会上夺取55金之后，已经连续4届奥运会没有一国的代表团夺得过50枚以上的金牌了！

胜利来得出乎意料的快，139秒击出第50金

下午1：30，当邹市明披着金色的斗篷、挥舞着拳头在聚光灯的照射下出现在北京工人体育馆的奥运拳击赛场时，现场一片欢腾，对中国选手在奥运拳击项目上取得历史性突破的期待如熊熊火焰般燃烧着现场以及电视机前的每一

位中国观众的心。在此之前，中国拳击的奥运会最好成绩是一块铜牌。邹市明，这个身材瘦小精干，以迥异于主流拳法的“海盗拳”打法闻名于世的中国拳击名将，从 2004 年雅典奥运会铜牌到其后世锦赛两度折桂，一路走来，对这块奥运金牌早已是志在必得。此刻，承载着 13 亿中国人民的殷切期望，邹市明沉着却又颇有几分雀跃地登上了拳台。

决赛的对手是邹市明十分熟悉的老对手：蒙古的普列布道尔吉·塞尔丹巴。两人曾三次交手，互有胜负，彼此之间非常熟悉。塞尔丹巴技术娴熟，打法顽强，2007 年亚锦赛上正是他从邹市明的手中抢走了金牌。

一开赛，战术准备得非常充分的邹市明便紧逼对手，却并不贸然出拳。由于雅典奥运会时他是在比分领先的情况下丢掉了比赛因而非常遗憾地未能进入决赛，所以这次的决赛第一回合他打得非常小心谨慎。不知为什么，塞尔丹巴似乎有些畏惧，他选择了防守和躲闪，并不主动出击。主裁判多次做出手势，要求双方积极进攻。首回合仅剩下最后十几秒时间时，邹市明将对手逼到角落，突然发起了一轮急风骤雨般的攻击，拿到了第一分。

第二回合一开始，邹市明心里已经有了底，开始用组合拳向塞尔丹巴发动猛烈进攻，现场观众也开始掀起为邹市明呐喊加油的浪潮。不过，还没等观众们完全进入状态，戏剧性的一幕出现了：这一回合刚刚进行了 19 秒钟，一直极力躲闪的塞尔丹巴便因右肩的旧伤复发，支撑不住了。见此情景，他的教练急忙向拳台上扔出表示弃赛的白毛巾。有趣的是，这白毛巾竟然碰巧扔到了拳台的缆绳上，主裁判根本没注意到。场下裁判赶紧提醒主裁判，颇有些意外的主裁判这才中止比赛，然后连连向中国队主教练张传良打手势，告诉他：对方已经放弃比赛了。

仅仅139秒，中国拳击的奥运第一金便诞生了！幸福来得如此突然，以致还在拳台上待战的邹市明和台下的张传良教练都有些发蒙，不敢相信这个期待已久的历史性时刻的来临。良久，在现场观众如雷的欢呼声中，他们才缓过神来，张传良赶紧递上早已准备好的五星红旗，邹市明身披国旗，跳上拳击台，高举双拳，竖起大拇指，向四周的观众们致意。

赛后邹市明表示，赛前自己做好了充分的困难准备，认为决赛将是一场恶战，因此做了最坏的打算和最艰苦的准备。前一天晚上睡觉前，他还在想比赛的战术，反复考虑如果开始时比分落后该怎么办，领先了又该怎么办。决赛中间休息时教练发现了对手有肩疼的动作，告诉他要发起进攻，所以第二回合赢得比较轻松。对于决赛，他竟然略带遗憾和歉意地说："没想到会赢得这么快！本来想奉献给大家一场精彩比赛的……"

一、五场比赛三场大胜，夺金之路尽展风采

作为中国拳击的第一人，邹市明在本届奥运会拳击比赛的晋级之路也展现了中国拳击运动员的一流实力和风采。

在邹市明夺冠路上的五场比赛中，其中三场是以十分明显的优势获得胜利，决赛中也是因为自己的积极进攻使得本来有伤的塞尔丹巴在第二局刚开始的时候选择放弃比赛。纵观五场比赛，只有在第二场1/8决赛中邹市明遇到了一些困难，其余的比赛他都是以相当大的优势获胜。

2008 年 8 月 13 日，邹市明首次出场在 1/16 比赛中对决委内瑞拉选手爱德华·约翰·贝穆德斯·萨拉斯。邹市明在前三回合就取得了 8：0 的巨大优势，最终以 11：2 的绝对优势晋级下一轮。

在 1/8 比赛中，邹市明与 2007 年世锦赛铜牌得主、法国选手诺尔迪纳·乌巴利交战。这场比赛进行得非常激烈，双方在四局苦战之后战成了 3：3 平，最终裁判判决在比赛中进攻更加积极的邹市明以小分优势获得胜利。

经历了这场恶战，涉险过关、惊出一身冷汗的邹市明遭到了教练的严厉批评。之后实力强大的邹市明及时调整了战术，在后面的比赛更加顺风顺水。在 1/4 决赛的比赛中，邹市明以 9：4 的大比分击败了哈萨克斯坦选手比然·扎基波夫，顺利进入四强。

8 月 22 日的半决赛中，邹市明打出了自己在本次奥运会中最精彩的一场比赛。他面对爱尔兰拳击手帕迪·巴恩斯，凭借灵活的脚下功夫，竟然令对手虎虎生风的重拳完全沾不到自己的有效部位，在四局比赛中分别以 2：0、6：0、3：0 和 4：0 的比分零封对手，以 15：0 的精彩表现轻松进入到最后的决赛，也赢得了无数拳击迷的崇拜。

赢得了冠军的邹市明十分激动地说，这一块金牌向世界展现了中国拳头的力量。邹市明在本届奥运会上的一场场精彩表演，无疑将令中国的拳击迷们久久地回味。而他的成长之路，更令人钦佩不已。

二、功夫小子改练拳击，执著坚持勇闯天涯

看到拳击台上步伐灵活、出拳凶猛的邹市明，很难想

像小时候的他竟然文静秀气得像个女孩儿，还经常挨欺负。

“小女孩”迷上武术

小时候的邹市明长得特别清秀，一双大眼睛，自来卷的头发，看见的人都说他长得像女孩。父亲邹建国说，小时候的邹市明是个非常懂事的乖孩子，深得家长和老师的喜爱。他从来不和人打架，唯一一次与人发生冲突是在小学，他和同桌的女生因为课桌上的“三八线”吵了起来，被女孩抓伤，至今左眼角还留着一点浅浅的伤痕。

由于个子瘦小，性格腼腆，邹市明小时候没少挨欺负。渐渐地，他迷上了成龙的武打片和各种运动项目。他说，从小他就有一个大侠梦，梦想着自己有朝一日能够成为见义勇为、除暴安良的侠客。尽管身为工程师的父亲希望儿子走跟自己一样的路，但邹市明决定投身武术，并且一再坚持。终于，在他13岁这年，父母同意送他到贵州省遵义市桃溪寺武术学校去学武术。

习武之初，邹市明和小伙伴们进行的是站桩等基本功的训练。练了一段时间，他感觉现实中的武术套路死板，不过是“花拳绣腿”，没什么对抗性，与电影电视中飞檐走壁的侠客相去甚远，不由得有些失望。1995年3月，遵义市体育运动学校拳击班开始招生，希望学习真正的格斗的邹市明决定瞒着父母去报考。

改练拳击执著坚持

邹市明的体校教练徐锋说，拳击班招生要经过初试和复试两道关，邹市明由于身材瘦小、臂长不够，初试就被淘汰了。

一周后，接到复试通知的学生报到了。站好队，徐峰开始按名单点名，结果点了三遍都多出一个人，这个人就是邹市明。“我没有接到通知书，看到同学来我就来了。”面对教练的询问，邹市明略显尴尬地解释。徐峰被他的执著打动，决定给他一次机会。

经过几天的实战考验，徐峰发现，邹市明虽然身材瘦小，但反应敏捷，眼到手到，每每能做到“先下手为强”，以速度弥补身矮臂短的不足。邹市明的表现得到认可，终于成为了拳击运动班的一员。

1997 年，16 岁的邹市明在贵州省拳击青少年锦标赛上夺得冠军，被选入贵州省体工队，再加上平时脸上时常有伤，终于被父母发现了真相。但既然已经练出了成绩，父母也就不再阻拦邹市明练拳击了。

1999 年，他被选送到国家队，做即将参加 2000 年奥运会的主力队员李正茂的陪练。虽然鼻梁骨被打得骨折了好几次，但精灵小巧的他也渐渐发现了李正茂拳法的特点和漏洞。2000 年 5 月 18 日，邹市明 19 岁生日的那一天，他在全国拳击锦标赛上击败李正茂，夺得了他运动生涯中的首个全国冠军。随后，他正式入选国家队，跟随张传良教练练习拳击。

跟随名师创造“海盗”打法

在中国拳击界，张传良以善于钻研而闻名。相中了邹市明后，张传良花了大量的心血，根据他的特点摸索出了一套中国式的拳击打法。

其实，就拳击项目而言，邹市明的身体条件和先天能力并不占优。他身形瘦小，显得形单力薄，臂展较短，另外抗击打能力也比较弱，许多教练员一开始并不看好他。

但他清醒地意识到自己的不足，因为力量还不足以和别人抗衡，他只能不断移动，突然反击再移动，一刻不停地游走。渐渐地，他逐步具备了很强的移动和反击能力，锻炼出属于他自己特点的打法。

曾经担任过武术教练的张传良便是结合邹市明身上有武术底子的特点，将一些武术动作和技法糅合到邹市明的拳击路数中。邹市明笑着说："那就是依靠快速的步伐移动和躲闪，来避开对手的重拳，然后在迂回周旋中寻找机会。我15岁练拳击，此前练的都是武术，结合起来并不困难。"

依靠这套灵动的拳术，他在2003年第一次参加世界业余拳击锦标赛时就一举夺得了亚军，被老外惊呼为"黑马"。2005年在中国绵阳举办的第13届世锦赛邹市明更上一层楼，力夺冠军。这次外国选手、教练和媒体都被他神出鬼没的拳术折服，改称他为"海盗"，并将该打法归纳为"一击命中，立即遁开"、"防守撤退时突然出拳反击并得分"。到了2007年邹市明蝉联了世锦赛的冠军后，美国当地的媒体给了他一个最恰当的绰号"狐狸"，他的拳术也被冠以"狐狸拳"，形容他的出拳和脚步像狐狸般狡猾。英国《卫报》称邹市明"斗志似麻雀，动作像阿里"。中国拳王自此确立了在48公斤级傲视群雄的地位。

"海盗式"的打法固然独特，但是同样要虚心接受各国拳击领域的先进技术。经过张传良的悉心调教，邹市明已不再是那个单纯的打完就跑的小子了，他同时具备了以俄罗斯为代表的"勇往直前"的技术风格，古巴变化多端的运动战术等。站在北京奥运拳击赛场上的邹市明，已经是一个全攻全守、技术非常全面的选手了。

邹市明的成功，令张传良被誉为“神奇教练”。可张传良却谦逊地表示，今天的成绩只是因为他和邹市明坚持不懈的努力。虽然已为中国拳击实现了历史突破，对于训练方法，“神奇教练”仍然有着非常清醒的认识：“我们的训练与欧美选手比，有很大差距。拳击运动在中国开展的时间不够长，我们对项目的了解没国外选手那么深入和透彻。我们只有通过不断的比赛去了解对方，从中国运动员的特点出发，创造出适合我们自己的打法。”张传良肯定地表示，邹市明是一个开始，绝不会是一个句号，“邹市明证明了我们能找到一套适合自己打法的战术。虽然我们的训练性质不同于其他国家，技术上也有相克的地方，但根据亚洲人的特点，只要在变、快、准上下工夫，一定会有第二个、第三个邹市明的出现。”

而邹市明在夺冠后则把最深的感谢送给了恩师：“我要和教练好好分享成功的喜悦。他太辛苦了，我从内心里非常信任他。为了北京奥运会，他真的付出了很多。”

爱上拳击再苦再累也不放弃

从练拳击的那一刻开始，邹市明就疯狂地爱上了这项运动：“我喜欢这种面对面的激烈对抗，往台上一站，感觉自己就像一个勇士，那种感觉太爽了！”

站在奥运会最高领奖台上的邹市明，在雄壮的国歌声中泪流满面。作为中国拳击夺得世锦赛金牌的第一人和奥运会最好成绩获得者，他赛前就是把争夺金牌作为最大希望。虽然决赛中他赢得如此轻松，以致对手弃赛后他都不能相信这是真的，但是邹市明的奥运冠军之路却并不平坦。

从 2004 年雅典奥运会上他获得铜牌开始，人们记住了这个名字，因为他为中国拳击取得了在奥运会上的第一枚奖牌。可又有谁知道，自2004年雅典奥运会之后，邹市明几乎就没有休息和真正调整过。

由于多年的训练和比赛，邹市明的伤病问题也逐渐突出。为了冷敷脚部，他的随队医生在寒冷的冬天还要从深井打出冷水，让邹市明泡脚。事实上，邹市明的肩部和腰部都有不同程度的伤病，但怕教练张传良担心他很少提及，而且总是忍受痛苦尽可能地完成好每天的训练。其承受伤痛的忍耐力，就连为其做理疗的香港理工大学著名教授都感到吃惊。为了2008年北京奥运会时能站在最高的领奖台上，他只能是默默坚持。

轻蝇量级选手是拳击运动员中最轻的，作为男选手，要将体重保持在48公斤以下，确实相当有难度。大部分运动员都要承受的“减肥”之苦，邹市明一样没能逃脱过。每一场比赛都要减体重，已经成为习惯了。一次减三四公斤都是正常的，而且从比赛前一个月就要开始，整整经受一个月的煎熬。在吃不饱的情况下训练，邹市明的心情会变差，人也容易毛躁，但他会像坚持训练一样坚持忍耐。为了在奥运会上控制体重，除了限制饭量，喝西瓜汁，邹市明在赛前一个多月就已经不吃中餐了。在说起每逢大赛必减体重时，他是那么轻描淡写，但只要想像一下必须在体重锐轻的情况下保持灵活的步伐、有力的进攻，保持最佳的竞技状态，就会明白个中辛苦恐怕是外人难以想像的。

于是，在默默的坚持和等待中，这个27岁的青年人创造了一个又一个中国的拳击奇迹：2004年世界大学生拳击锦标赛上，他勇夺金牌，创下了中国选手在该项比赛中的最好成绩。2005 年的世界拳击锦标赛上，邹市明夺得男子 48 公斤级冠军，成为了中国拳击的首个世界冠军，实现了中国拳击在世锦赛上金牌零的突破，为中国拳击历史翻开了崭新的一页。北京奥运会拳击比赛前，他丝毫不掩饰对奥运金牌的渴望：“参加奥运会获得金牌是每个运动员的梦想。2008 年，我的目标非常明确，就是金牌。”现在，他不仅实现了奥运夺金的梦想，而且这位集齐了全国冠军、亚运会冠军、世锦赛冠军和奥运会冠军的拳击手，实现了业余拳击选手的大满贯。

“海盗”可能转战职业比赛

邹市明表示，将来他有可能投奔唐金门下，前往美国发展，转为职业拳手。这样，他也将同时放弃今后参加包括奥运会在内的所有业余拳击比赛的资格。邹市明说，“那是另一枚金牌，我一样渴望获得。”

三、一个能吃能忍能玩的“神奇小子”

邹市明爱吃涮羊肉。他爱吃的东西很多，但是为了控制体重，他不得不一再忍耐和压抑自己的食欲。忍耐到了极限，邹市明常常从心底里感觉到不管是什么食物，只要是能吃的，打完比赛绝对不能放过。

邹市明非常喜欢唱歌，有空的时候经常会和队友、父母去唱卡拉 OK。从抒情歌曲到流行歌曲他都喜欢，甚至于英文歌曲他也能够信手拈来。邹市明唱歌唱得很好，不过他却经常戏称自己是“澡堂歌手”。除了唱歌，足球、架子鼓、DJ，这些也都是邹市明的爱好。

张小平

——拳击男子81公斤级冠军

身　　高：1.89m

体　　重：81kg

性　　别：男

出生日期：1982年4月1日

籍　　贯：内蒙古

来自草原的黑骏马　横空出世一飞冲天

2008年8月24日，北京奥运会进入最后一天的争夺，中国拳击队担负着为中国奥运军团完美收官的重任。下午4点刚过，在邹市明为中国拳击勇夺奥运首金之后一个多小时，来自内蒙古大草原的蒙古族大汉张小平锦上添花，出人意料地在拳击轻重量级的决赛中击败爱尔兰选手，为中国代表团夺得本届奥运会的第51枚、也是珍贵的最后一枚金牌，使中国奥运军团的奖牌总数首次突破两位数，达到100枚。

继邹市明之后，张小平又一次创造了中国拳击的历史，他在轻重量级上为中国拳击取得了突破，用自己的出色表现证明了中国拳击的强大。

张小平左手手臂上纹着一个“天马”的纹身，那是一匹振翅欲飞的黑骏马。那是去年纹上去的，当时他正在为争取奥运会门票备战。蒙族是一个马上的民族，传说中的“天马”具有无穷的持久力和耐力。说起身上的刺青，拳台上冷静沉着的张小平露出了狂放的一面：“我文的是一匹马，一匹天马，也是希望自己越飞越高。”

赛后，高大威猛的张小平被誉为本届奥运会拳击比赛最大的“黑马”。对此，张小平兴奋地表示：“事实上我也没想到自己能夺取最后的金牌。我对自己在比赛中的表现感到满意，我觉得我的确比较像黑马。”

一、“死亡之组”黑马夺冠

虽然有夺金在望的邹市明模式珠玉在前，但在拳击大级别项目上，中国拳击队还是乏善可陈，在国际比赛上成绩不佳。欧洲拳手素来是大级别拳击比赛的霸主，而且高手如林，竞争历来最为激烈。也正因为如此，世界锦标赛中只取得过第九名、此前最好成绩是亚洲拳击锦标赛银牌的张小平起初并没有被列入中国奥运军团的夺金点。

而在抽签分组之后，张小平的形势更是险恶：2007 年世锦赛前四名都在他所在的半区。面对横亘于前的世锦赛银牌得主，俄罗斯名将阿尔图尔·别特比耶夫，世锦赛铜牌得主、哈萨克斯坦悍将叶尔克布兰·西纳利耶夫等高手，人们不由得惊叹这是一个“死亡之组”，因而对张小平的晋级之路根本没有抱什么希望。

然而，希望往往总是从夹缝中升起的。张小平，这个来自内蒙古大草原的彪形大汉，愣是凭着一股冲劲与狠劲，一路过关斩将，打败各路高手，杀入决赛。

8月9日，张小平以3∶1战胜突尼斯选手萨赫拉维；14日，超常发挥，以8∶2力克世锦赛亚军、俄罗斯名将别特比耶夫；19日，以12∶7胜阿尔及利亚选手本·沙卜拉；22日的半决赛中，他遭遇世锦赛季军哈萨克斯坦的西纳利耶夫，在四个回合的比赛中与对手战成4∶4后，张小平最终依靠小分取胜。取胜之路虽磕磕绊绊，但张小平的表现却已引起各界的关注，被对手和媒体视为“黑马”。

“黑马”不少有，少有的是能持之以恒一黑到底的“黑马”。张小平就是这样一匹大“黑马”。

张小平的决赛对手是爱尔兰的肯尼·伊根。生在都柏林的肯尼和张小平一样，在2007年美国芝加哥举行的世界锦标赛中都是第9名。肯尼在爱尔兰是家喻户晓的人物，他曾获2006年欧洲锦标赛第三名，被爱尔兰业余拳击协会评为2006年年度欧洲最佳拳击手。在之前的比赛中，肯尼首先战胜了美属维尔京群岛的朱利叶斯·杰克逊，随后击败土耳其的巴赫拉姆·穆扎夫费尔。在战胜巴西的华盛顿·席尔瓦后，他又击败了英国的托尼·杰弗里斯，闯入决赛。

比赛开始了。第一回合，擅长主动进攻的张小平一开局就主动出击，首先用左手直拳刺探对手的防守，而肯尼·伊根则相对比较保守，没有主动出拳。很快，张小平一个后手直拳首先得到一个有效点，暂时取得领先。还剩40秒时，张小平再次直拳攻击成功。肯尼·伊根虽然也在采取进攻的策略，但都被张小平灵活化解，始终无法找到合适的机会。张小平以点数2∶0结束了第一回合。

第二回合比赛，肯尼·伊根加强了进攻，但是他却反而被张小平反击得手得到一点。还剩48秒时，两人在对攻中各自得到一点，张小平依然以4：2的点数领先。还剩20秒，肯尼·伊根利用右摆拳得到一点，但很快暴露出了漏洞，被张小平得到一点。本回合结束时，张小平5：3领先。

肯尼·伊根的脚步移动在第三回合更加灵活，而张小平此时也加强了防守，双方展开了激烈的拉锯战。还剩1分18秒，张小平曾经不慎倒地，但是对方并没有得到有效点数。最后一分钟肯尼·伊根先得到一分，张小平随即还以颜色。本回合结束，张小平依然以7比5领先。

关键的第四回合，肯尼·伊根展开了全力的反击，但是心急的他在前半分钟里却没有得到有效点，相反被张小平偷袭得到两点。好个张小平，贯彻教练的指示坚决彻底，在比分领先的情况下没有保守，反而继续主动出击。只见他关键时刻毫不手软，越战越勇，几记有效的刺拳连续击中对方有效部位，渐渐拉开了比分。最后一分钟，肯尼·伊根破釜沉舟，一通乱拳，但是张小平沉着冷静，守住了优势。11：7！冠军！中国奥运军团的第51枚金牌就这样诞生了！

二、胜在心态好，姿态低

1982年出生在内蒙古的张小平是一个地地道道的蒙族汉子，拥有1.895米的个头和过人的臂展，最大特点就是主动进攻。他的进攻被誉为“猛虎下山”。在比赛当中，张小平一直采用自己有效的“猛虎下山”打法，突然性强，给对手造成了相当的压力。决赛中，他的攻击和防守都相当灵活，尤其是后手拳让伊根十分忌惮，不敢轻易出拳，在心理上压制住了对手，占据了绝对优势。

总结起自己神奇的奥运之旅，张小平冷静的态度宛如在场上应对对手时一样沉着，“这次奥运会每场比赛都百分之百发挥出了自己的技术、战术，包括自己的身材优势；再就是得益于前一段时间的刻苦训练；另外一点就是心态调整比较好吧，始终以一个低角度去冲击对手。”

由于在世界拳击组织上的排名很靠后，所以赛前教练和张小平都并没有想着要夺金牌。张小平自己在赛前制定的目标是保五争三、冲击奖牌。

在夺得金牌的那一刻，满脸汗水的张小平握紧拳头，脱下头盔便与护栏旁的教练紧紧相拥。

比赛结束后，他激动地跪在拳台上，教练朝鲁迫不及待地跑到缆绳边，从包里掏出了国旗。1992 年的巴塞罗那，朝鲁就成了第一批参加奥运会的中国拳手；2004 年的雅典，朝鲁的亲弟弟哈达巴特尔也参加了奥运会，不过两人都没拿到理想的成绩。现在，草原汉子张小平终于成为了冠军。“这匹黑马终于腾飞了，我终于实现了两代人的梦想。这枚金牌，我要献给我的教练。”赛后的张小平表示，自己肩上承载着教练的奥运梦，他很高兴能够帮助教练实现。

三、战胜自我，青涩少年渐成熟

张小平 1982 年出生在内蒙古自治区锡林郭勒盟，1998 年高中毕业后被选入内蒙古体工三大队，一开始练习的是古典式摔跤。在经过短暂的训练之后，他出色的身体条件和过人的拳击天赋显露了出来。不久，身高接近 1.90 米的张小平被曾经参加过 1992 年第 25 届巴塞罗那奥运会拳击比赛的朝鲁选中，从此踏上了拳击夺金之路。

2004 年，张小平进入国家队。在 2006 年的全国锦标赛上，他获得 81 公斤级冠军。在长达 10 年的比赛训练中，张小平凭借着刻苦训练和坚韧不拔的精神，经历无数的失败和挫折，凭借过硬的实力成为目前国内拳击 81 公斤级选手中的第一人，并终于在关键时刻踏进了奥运会的大门，实现了他打进北京奥运会的愿望。26 岁的张小平在不断进步中，实现了由一个青涩少年向成熟的国家队队员的蜕变。

虽然拥有身高臂长的出色的身体条件，实力出众，但是，由于心理问题，张小平屡屡与冠军头衔失之交臂。

2006 年多哈亚运会上首轮失利出局，随后的亚锦赛中仅夺得亚军。张小平太想打奥运会了，往往到关键的场次就发挥失常。在 2007 年的美国芝加哥拳击世锦赛上，只要打进 8 强就能够拿到奥运会入场券。可是，他在 16 进 8 比赛的前一天，想得太多一夜没睡，造成在第二天的比赛中体力严重不足，输掉了比赛，遗憾地与奥运会入场券擦肩而过。其实张小平自己心里也很清楚，一直困扰着他的心态问题是个顽疾。一到关键场次就着急，想赢怕输的包袱让他发挥失常，原本自己是防守反击的打法，可是在关键场次由于着急就开始主动进攻。这无疑是用他的弱点和对方较量，结果总是进攻不成反而丢分，哪里有取胜的机会呢?!

2008 年年初冬训以后，张小平回到内蒙古进行了一段时间的调整，内蒙古体育局专门请专家对他进行了心理辅导。2月，北京奥运会亚洲地区拳击选拔赛在泰国曼谷举行，只有夺得前两名的运动员才能够拿到奥运会的入场券。这次，他终于调整好了心态，顶住了压力，战胜了自己，力克各路强手打进了决赛，取得了这张宝贵的奥运会入场券。

看到他在北京奥运会上的出色表现，教练们欣慰地说：小伙子终于成熟了！

四、成功秘诀：训练被四汉围攻

张小平能够勇夺奥运金牌，必须要感谢自己的教练朝鲁。朝鲁为张小平制订了一整套备战奥运会的训练计划。

在年初的奥运选拔赛上，张小平在原有防守移动反击的基础上，主动加大进攻的力度，效果非常好。这个变化使他和教练朝鲁更坚定了主动进攻，增强对抗的训练思路和技战术打法。因此，从芝加哥回来到奥运会前的备战训练中，朝鲁重点加强了张小平的专项能力、对抗能力和出拳力度的训练，为他量身定做了“我、抢、先”三字诀，同时提高了他的训练强度。应该说，这种科学的训练使张小平的能力和实力明显提高了很多。

那段时间，朝鲁对张小平的训练强度特大，陪练中包括91公斤级拳手，每人与张小平进行两回合的车轮大战，在精神、体力方面强化张小平的能力。在平时备战奥运的训练中，张小平需要同时面对4位健壮的队友轮番“攻击”。按照教练员的要求，只有四位对手全“败”下阵来，张小平才能得到休息的机会。

能够在奥运会中夺得金牌，除了自身的实力外，通过录像来分析对手也是张小平每天的工作。备战期间，每天晚上9点半至11点半，教练、张小平和队友都一起观看录像，分析参加奥运会81公斤级比赛27名对手的技战术特点，找出对应之策。然后陪练分别模仿他们的打法，使教练和张小平对每个对手都做到心中有底，对可能出现的情况都有详细的预案。

有一天天枯燥的训练，张小平终于得到了自己梦寐以求的金牌。他的成功也再次让世人见识到了中国拳头的力量。

生活中的张小平为人低调羞怯，平和谦虚，却又有着蒙族人的粗犷豪放。对于自己的成功，他十分感恩，总是记挂着为自己的这块金牌默默奉献的教练、陪练和队友。然而，可以感觉得到，这个高大的蒙族汉子十分享受夺金与成功的喜悦，并且非常愿意与人分享这份喜悦。

我们衷心祝愿这匹来自大草原的黑骏马在成功的道路上越飞越高，一路顺风！

殷　剑

——帆船女子帆板 RS：X 级冠军

身　　高：1.72m

体　　重：57kg

性　　别：女

出生日期：1978 年 12 月 25 日

籍　　贯：四川西昌

顽强渔家女　　中国帆板第一人

女子帆板是奥帆赛场上争夺最为激烈的项目之一，国际名将云集。

在北京奥运会帆板 RS：X 级的前 10 轮的常规比赛中，擅长小风作战的殷剑以总排名第一的身份杀进了奖牌轮。殷剑的优势并不明显，她的成绩是 33 分，仅仅领先前 10 轮排名第二的意大利名将、2000 年悉尼奥运会女子帆板冠军达历山德拉·森西尼 5 分，领先英国选手布里妮·肖 8 分。由于排在后面的选手与这两人的积分差距较大，这意味着，殷剑只要在双倍积分的奖牌轮中不落后森西尼 3 个名次，不落后于英国选手 4 个名次，便可获冠军。“比赛结果还要受到场上综合因素的影响。”殷剑在赛前十分低调。

8 月 20 日下午，近 8000 名观众现场观看了一场惊心动魄的金牌争夺战。峰回路转的紧张赛事，甚至引得观众们情不自禁地大声惊呼起来。

一、起航：绕 1 标时排名仅列第四

2008 年 8 月 20 日下午 1 时 09 分，奥帆赛场 A 场地微风吹拂，10 条女子帆板一字排开。随着一声起航的汽笛声响，10 条帆板像 10 条矫健的小银鱼，在碧波荡漾的大海中不断起伏前行。

决赛轮一开场，意大利选手和英国选手便抢先选中了优势航线，在抵达第一个浮标时，殷剑落在意大利和英国选手之后，仅排第四。殷剑在起航中似乎并未发挥出她在小风天的作战优势，在冲出起航线时仅排在中间位置。在绕行至 1 标时，西班牙队员一马当先，而英国队员则紧随其后，殷剑的最大竞争对手、意大利选手达历山德拉第三个绕过浮标，3 秒钟后殷剑也成功地绕过了 1 标。

二、揪心：落至第五，眼看金牌要丢

以第四名的成绩绕过 1 标，这使得观众们的心不由地提了起来。在初赛中殷剑虽然总分第一，但只比参加过五届奥运会的意大利选手达历山德拉·森西尼领先 5 分。由于奖牌轮比赛中所有的分值都是双倍积分，也就是说，如果殷剑能跑进前三名，那她将铁定夺金。如果她跑不进前三名，而达历山德拉又跑了个第一，那殷剑就得把金牌拱手相让。绕 1 标时，殷剑的第四，达历山德拉的第三都让比赛充满悬念。然而，更令人揪心的一刻来了。

在随后的赛程中，殷剑虽然拼尽全力，但仍未冲入第一军团。在绕第二标时，西班牙选手继续领先，英国选手第二，以色列选手后来居上冲至第三，意大利选手第四，殷剑的排名落到了第五名。而且，奥运会五朝元老达历山德拉以她丰富的经验向金牌开始发起冲击，她一路直追，在第 4 标时已经冲至第一，而殷剑仍处在第五。中国观众最不愿意见到的情况终于发生了。

“冲啊！冲啊！”“加油！加油！”大坝上的观众们发出了震耳欲聋般的呐喊声，他们心里着急啊！如果这个排名保持到最后，那么殷剑就将无缘金牌！眼看着金牌就要被意大利老将抢走，作为一名苦练帆船 15 年的老队员，殷剑发挥了过硬的心理素质，“我干脆就什么都抛开了，告诉自己，闷头摇帆吧！”殷剑使出全身力量摇帆。咬着牙坚持，殷剑终于等来了机会。

三、转机：西队犯规殷剑绝处逢生

戏剧性的一幕发生在绕第 6 标时，排在第二位的英国选手和第三位的西班牙选手由于船位挨得过近，发生了碰撞。一艘裁判船立即疾驶而来，判定应该避让而没有避让的西班牙队犯规，要原地绕一圈进行解脱。在西班牙队绕圈的过程中，已经从第五追至第四、一直紧随其后的殷剑，猛然发力，超越了西班牙队，将名次追至第三！“殷剑加油！中国加油！”大坝上的数千观众兴奋地狂呼起来。殷剑趁势第三个冲过终点。尽管决赛轮中，意大利、英国分列前两位，但依靠前 10 轮比赛累计的优势，殷剑仍以总积分 1 分的微弱优势夺得冠军，赢得了这场艰难的金牌争夺战。

四、从小爱运动水性尤其好

殷剑的家位于四川省西昌市海南乡岗瑶村，紧邻四川省第二大淡水湖邛海。殷剑的父亲殷崇福是邛海边的老渔民，在邛海里捕了三十多年的鱼。殷剑在家中排行最小，有一个哥哥两个姐姐，4 个孩子分别取名“珍、珠、宝、剑”。妈妈还记得殷剑小时候特别懂事，3 岁时就跟着她到菜市场卖菜，“每次都是自己走，从不要我抱一下”。

殷剑在邛海边上长大，从小喜欢游泳，小时候常常背着父母和村里其他小孩跑到水里游泳。父母知道后很担心，她却笑呵呵安慰他们说自己是水性最好的一个。除了游泳外，殷剑还喜欢打篮球、长跑，在学校里是个运动高手。

“我小时候生活的地方是一个有山有水美丽的地方。我家就住在湖边上。因为没见过大海，那个时候我们就以为邛海就是大海。”很多年后，殷剑依然记得第一次见到大海时的情景：“首先是很兴奋地尝了尝海水。因为还没出去见海的时候，人们就说海水有很多很多味道，而湖水是没有味道的。于是，我们就很新奇地首先尝了海水。”

五、泼辣大胆的川妹子

殷剑是个典型的川妹子，泼辣、大胆。她从小就活泼好动，有一股男孩子气，还喜欢打抱不平。

殷剑十多岁的时候，有一年冬天，湖面上结满了冰，冰冷刺骨，连父亲都不敢下水。殷剑一个人挽起裤管走到刺骨的冰水里去捕鱼，然后让母亲拿到集市上卖钱。父母既感动又心疼。

她上初中的时候，班上有一个男生长得瘦小，家里穷，经常被其他男孩子打骂。每次只要殷剑碰到有人欺负他，殷剑都会立刻站出来制止，后来那些人就不敢再欺负那个男生了。

六、练帆板为“农转非”

因父亲经常打鱼而和水结下了不解之缘的殷剑，小的时候经常偷偷地跑到邛海里去游泳。1992 年，邛海水校面向各县招生，邛海水校的教练贵成忠到各地招生。读初二的殷剑正好那几天和朋友到水校去玩，听说可以练帆板，二话不说就报名了。当时她才 14 岁，身高却有 1.65 米，长得瘦瘦高高。教练看她身体条件不错就把她录取了。当时报名的人很多，经过一段时间的集训和考核，殷剑从一百多人中脱颖而出，成为最后入选水校的两名学生之一。

后来，殷剑曾经悄悄告诉师姐，报名的时候她对帆板运动一无所知，最初的想法仅仅是想成为运动员，把农村户口变成城镇居民户口。

七、被开除后回家卖凉粉

殷剑在邛海水校成长迅速。刚进水校不久，她就表现出了极高的运动天赋，对帆板各种技巧掌握得非常快，进步速度惊人，经常被教练表扬。

飞速的进步让殷剑变得有些骄傲，过多的表扬让这个年仅十几岁的小孩一下子失去重心，她有点儿飘飘然了，骄傲的情绪越来越严重，训练也开始吊儿郎当，不听教练的指导。看到这种情况，教练们十分着急，认为她难成大器。殷剑的启蒙教练、当时的邛海水校校长贵成忠回忆说，学校教练组经过再三权衡，最终决定将殷剑开除。那是1993年。

被校方开除后，倔脾气的殷剑不思悔改，反而在水校门口发誓："我再也不进这个门了！"不久，殷剑向家里借了200元，和几个朋友集资在村里开了一家凉粉店。几个月后，小吃店支撑不下去了，而殷剑也实在放不下练习帆板，她决定重新走上帆板的道路。当初开店的几个好朋友最后大吃了一顿，把小吃店最后的家当瓜分了。

在写了好多检查给教练后，教练才同意她在半年后重新归队。于是，殷剑又重新开始练习帆板了。

八、刻苦训练雅典夺银

重新归队后，殷剑变得踏实了许多，训练态度发生了脱胎换骨的变化。在邛海水校，殷剑是所有人当中最刻苦的一个。每天的训练结束后，她常常自己一个人在水上再多练两三个小时，直到天黑了才上岸。看她这么玩命，一直站在岸边等她回来的教练既欣慰又心疼。

1995年，殷剑进入四川省队训练。6年之后，殷剑进入国家队开始接受正规系统的培训。2002年的亚运会上她获得了一枚银牌，并在随后举行的亚锦赛上折桂。

2004年，中国奥运代表团研究了雅典气象资料后，决定让擅长在小风中较量的殷剑去征战。2004年的雅典奥运会是殷剑运动生涯的一个巅峰期。这个时候她已经26岁，这对于一名从事帆船帆板的选手来说，算得上是一员老将。比赛中，殷剑不负众望，在开局落后的情况下奋起直追，为中国拿回了一枚阔别12年的沉甸甸的银牌。殷剑的这一成绩也追平了中国帆板在奥运会上的最好成绩。

九、受伤病困扰曾想退役

夺得雅典奥运会的银牌之后，殷剑一度想选择退役。一方面是因为自己的年龄有些大了，再者就是伤病令她苦不堪言。

长期高强度的训练和比赛，让殷剑饱受伤病之痛。从接触帆板开始，殷剑身上的伤就没断过，骨折也是司空见惯的事，但她从来都没叫过苦。

殷剑的右膝盖有先天性裂缝，腰部也长期有伤，训练时间长了就会痛，每天训练结束，都疼痛不已。但坚强的她只是一个人悄悄地坐在墙角，自己用手一次次按摩伤口，用热水袋护疗，从来不请假休息。“这么多年她留下了很多伤痕，旧伤没好新伤又来。有一回帆板倒了撞断了大腿骨，我们都很担心，不想让她练了。她硬是坚持了下来。”父亲殷崇福说。

十、为北京奥运会选择坚持

但殷剑最终没有离开帆板。休息了一段时间后，她再次复出参加训练，目标就是北京奥运会。

从雅典奥运会到北京奥运会，这四年里殷剑克服了很多的困难。随着年龄的增大，她的体能在逐渐下降。而帆板是一项对体能要求非常高的运动，比赛中需要凭借身体的晃动来带动帆板的前进。为了保持状态，体能训练只能加量。

同时，伤病还是一直在困扰着她，四年里的每个晚上，殷剑几乎都将时间用于治疗伤病了。她一直很羡慕奥运会银牌得主森西尼能够有长达 25 年的运动生涯。

参加青岛奥帆赛期间，殷剑同样没能摆脱伤病的困扰，从第三轮比赛开始她就胃疼，腰伤也折磨得她整晚睡不着。“殷剑刚到青岛的时候，给家里打电话说她腰疼得厉害，整晚睡不着觉，在电话里说着说着就哭了。”父亲说。殷剑平时训练有伤也不跟家里说，那次在电话里哭诉，父母猜测女儿一定是痛得很厉害。妈妈十分心疼，在电话里唱殷剑小时候喜欢的山歌给她听。在歌声的抚慰下，殷剑的情绪渐渐平静下来，腰痛似乎也好了一些。

顽强的殷剑最终还是顶住了巨大的压力，为中国奥运代表团书写了新的篇章。

十一、忙备战一年没见父母

殷剑比赛的那几天，每天清晨，父母亲都会早早起床，守在电视机前看天气预报。“知道帮不上忙，就是不放心。希望孩子比赛时有个好天气。”殷崇福说。进入奥帆赛决赛赛场以后，为了安心备战，殷剑把手机、笔记本电脑全都交给了教练，断绝了与外界的一切联系。

“我们每天看电视，有时候通过大女儿在网上看新闻了解殷剑的消息。”殷崇福说，殷剑上次回家还是去年 8 月份，后来为了备战奥运会一直紧张训练，现在他们已经整整一年没见到女儿了。

图书在版编目（CIP）数据

荣誉殿堂：北京奥运中国冠军的故事 . 2/宁丰主编.
—北京：中国社会出版社，2009. 5

ISBN 978－7－5087－2640－3

Ⅰ. 荣…　Ⅱ. 宁…　Ⅲ. 奥运会—冠军—生平事迹—世界
Ⅳ. K815. 47

中国版本图书馆 CIP 数据核字（2009）第 069129 号

书　　名：荣誉殿堂：北京奥运中国冠军的故事 . 2
主　　编：宁　丰
责任编辑：孙武斌

出版发行：中国社会出版社　　邮政编码：100032
通联方法：北京市西城区二龙路甲 33 号新龙大厦
电话：（010）66080300　　（010）66083600
（010）66085300　　（010）66063678
邮购部：（010）66060275
电传：（010）66051713
网　　址：www. shcbs. com. cn
经　　销：各地新华书店

印　　刷：中国电影出版社印刷厂
开　　本：145mm×210mm　1/32
印　　张：6. 125
字　　数：110 千字
版　　次：2009 年 6 月第 1 版
印　　次：2014 年 3 月第 3 次印刷
定　　价：13. 00 元